領袖人格力

用 PDP 看主宰世界大勢領袖的人格特質

川普、拜登、梅克爾、普丁、馬斯克、
賈伯斯、任正非、黃仁勳等

張曼琳

——著

目錄

推薦序

命運寫在每個人自己的心上

蔡志忠（圖文）

　　印度吠陀經說：「如果一個人四十歲時還沒有覺悟，便如同死亡。」我們打開門走出去，是因為知道要去哪裡。我們開車上高速公路，知道要去什麼目的地。然而人生這麼大的旅程，大多數人竟然走了大半輩子，還不知道自己的目的地，豈不是很荒謬。隨波逐流，沒有目標的人生，像一艘沒有羅盤、航海圖，漂流於汪洋中無法靠岸的孤船。

　　我們有幸來此一輩子，應該先想清楚這一生應該怎麼過？這輩子應該怎麼走？從前兩岸還沒有直航的時代，我超過五十次在

香港機場轉機要回台灣，對於歸心似箭的我，才懶得理別人要去紐約、倫敦或巴黎。由於我們自己沒有明確的目的地，才會亂羨慕別人要去夏威夷或是大溪地。如果我們清楚知道自己人生的目的地，才懶得理別人高升什麼職位，今年賺了多少億。

明朝無異元來禪師說：「人自出生以來，要疑：生從何來？死向何方？」套用西方的講法就是：「我是誰？我從哪裡來？我要去哪裡？」孔子說：「性相近，習相遠。」我們每個人剛出生時其實相差不大，通過不同的學習，每個人變得不相同。除了個人能力之外，每個人的習性也很不一樣，由於能力、習性不同，所造成的人生之路也變得人人與眾不同。

二十年前，我曾在報章雜誌看過人性格的孔雀型、老虎型等分類的說法，覺得將個性分成五類很有意思。後來發現這PDP學說的作者張曼琳小姐很巧的跟我住在同一棟大樓，因此有機會請他替我和溫世仁先生做PDP性向分析，我是個非常了解自己的個性與自己的優缺點的人，我了解自己的能力與個性，有如我知道自己銀行存款簿到底有多少錢一樣精確。PDP的分析結果嚇了我一跳！因為看似毫無關係的六十題問卷圈選，所得到的結果竟然準確得嚇人！

張小姐跟我解釋說：「雖然問卷的問題乍看起來好像毫無關係，但這是通過四百萬個實際個案調查的統計資料庫所做出來的結果，所以才會這麼精準。」

舞出一生華麗，人是矛盾的！既期盼能出類拔萃鶴立雞群，卻又深怕自己與眾不同。每個人都生而與眾不同，每個人都有獨特的一面。

如果我們不發揮自己獨特的一面，而行為習慣價值觀與大家都一樣，卻又期望自己能出類拔萃，這豈不是非常矛盾？我們來這一輩子到底為的是什麼？每天為生活而忙，所為何來？難道我們只能被動的隨著生活的腳步行動？而不能率興唱出自己的生命之歌？隨著內心的節奏、韻律自己獨舞？

我們有幸來此一生，雖然生命難得、人身難得，但大多數人都渾渾噩噩毫無計畫匆匆過此一生。有多少人能在一開始便先想清楚這難得的一生到底應該怎麼過？應該怎麼走？難道非得等到夕陽將盡，我們即將死亡離去之時，才再後悔、懊惱不已？

人生是什麼？人生有什麼目的？相信大多數人都曾在他的人生旅途中，思考過這個「人生大問」！但有多少人真正想通人生問題？然後完完全全依自己正確的想法去實踐自己的一生？

每個人的內心深處都有一塊心靈聖地！每個人都應往自己內心深處尋找屬於自己的那塊淨土。而哪裡才找得到我們內心深處的那塊寂靜淨土？讀萬卷書不如行萬里路，行萬里路不如閱人無數，閱人無數不如高人點渡，高人點渡不如自己頓悟！

世間迷信命運，命運是無能者的藉口。命運不寫在臉上、命運不寫在掌上、命運不寫在痣上、命運不寫在星相上、命運寫在每個人的心上！每個人當掌握自己的命運，每個人應走出自己的人生之道。

　　準備得越充足，幸運就越會跟著來。每個人選擇自己的人生之路之前必須先了解自己，了解自己是人生的第一個智慧！如果我們無法真正了解自己，可以做一次PDP性向分析，便有如高人點渡般的分析你的心，讓你了解自我的領導力到底如何？

了解自我，選擇你正在做的事

布倫特・W・赫比（領導管理整合系統公司總裁）

美國PDP 公司總裁布倫特W・赫比（左）& 張曼琳Marie（中）& 范麥爾Mac（右）

　　如果你問人們：「為什麼你會選擇做你目前在做的事？」，有人可能可以輕易地就回答了；有人卻可能要掙扎許久才能找到答案—特別是那些從未曾允許自己去往內觀照的人。

我認為自己是一個相當幸運的人，因為從我幼小的時候開始，在一種名為「領導管理整合系統」之「領導特質」（PDP ProScan）的測量工具協助下，我就已經深刻地了解自己是誰。在做測量時，就算我當時年紀極為幼小，我依舊感到讚歎與興奮不已。它影響我的生命如此之鉅，以致於我甚至夢想著自己有朝一日可以成為領導管理整合系統公司（PDP）的總裁。

　　我們把時間往前快轉到一九八七年，因緣際會下，我加入PDP，成為該公司的員工。這是我朝向自己的夢想的第一步。一九九二年，我遇到張曼琳，一個跟我一樣，也對「想要了解讓人啟動的人類行為」抱著一份熱情的人！很快地，曼琳成為「領導管理整合系統」（PDP）的行為科學裡的一個學生。她肩負起將這套系統翻譯成繁體與簡體中文的重責大任，好讓她能夠將它介紹給大中華區的無數公司與個人。

　　無論曼琳到哪裡，她都會應用此一系統，她使用PDP ProScan的數據圖表來跟政治與企業領導者進行個人訪談；她在電視與廣播節目中討論台灣現任最高領導人與已卸任的正副最高領導人們的領導風格；她創立一個非營利性質的領袖協會來發展領導力；同時，她也寫了十本書，討論歷史上許多領導者的領導管理整合（PDP）之領導力以及能量的風格。

　　曼琳和來自各行各業的人們—從莘莘學子到財富雜誌500大企業的總裁—都能有很好的連結。當她在跟人從事一對一的晤談

時，她是那麼的了不起。

然後現在，她在她這本新書裡要來跟你分享她在了悟個人力量以及人們因為工作與家庭角色所蒙受的緊張壓力過程中的深刻體驗。

喔！至於我那個想要成為 PDP 的總裁的夢想啊⋯⋯它在二〇〇一年時成真了！祝福你也能夢想成真！

▼

開啓心胸，發掘無限潛力

克里斯多福 · 孟（知見山負責人）

　　認識曼琳已經超過十幾年，在這期間她跟我成了非常好的朋友。在曼琳所擁有的傑出特質裡，其中有兩個深深地影響了我的

克里斯多福 · 孟 & 張曼琳合影

事業和我個人的生活：她開放的心胸和聰穎的智力。才氣煥發的她，結合了敏銳的智慧以及她對於教學的熱情，展現出了她是個具有激勵性、能捕捉人的注意力和高度有趣的溝通者和演說家。當她以典型活潑的方式給出精巧詳細的資訊時，她美妙的幽默感使聆聽她的人感到其樂無窮。

　　不管從事任何事或方案，曼琳向來不遺餘力。對於她所研究的任何主題，她肯定會從所有可能的角度，一絲不苟地去探究及審查。當投入研究著名的歷史人物的自傳時，她以密切不帶論斷的方式來涉入研究對象的行為和動機，所以她可以準確而且不偏不倚地描繪出這個人物。如此的組合，再加上她具有能牢記資訊並且準確地將它們分享出來的能力，這使曼琳成為一位極具特色的老師。

　　關於曼琳開放的心胸，在她的日常生活中，對與她交會的每個人來說，曼琳總是在向大家示範著「正直、寬厚、理解和接納」這四項特質。她擁有聚焦於一個人最偉大特質的驚人能力；她引導人往前，使每一個單獨的個體能夠去認出自己獨特的偉大面。她寧願欣賞而不去批評；她從人的最大潛力來看待人類，並且盡她所能幫助其他人也能夠去看到那股無限的潛力。

　　另一個曼琳寬厚精神的實例，顯現在她對朋友及學生完全熱心的支持上。在完成我的生命教練課程後，為了能一起練習以及幫助其他同學精進他們的技能，曼琳孜孜不倦地與大多數的同學

保持聯繫並且出席學習小組和安排一對一協談。

　　我所認識的曼琳，在持續地探索人類存在的最重要問題時，對學習也從來沒有顯現過倦態。她展現出活潑的生命力以及對學習的渴望，就好像是一個剛進大學、懷著敏銳機靈和無盡的欣賞力、想去吸收所有有用資訊的十八歲女學生一般。

　　這十幾年來，能認識這位永遠年輕、充滿活力的女士讓我深感榮幸和喜悅。

做對事，讓我們的生活更有價值

吳正興（共好顧問集團董事長）

　　二十一世紀什麼最貴？相信大家都知道，答案是「人才」，但如何知道自己是人才、發現人才、培養人才、創造人才，卻是一個值得大家去探討與重視的課題。

　　接觸到PDP 天賦特質系統，是一件令人驚訝而印象深刻的生命歷程，「它」幾乎可以說是改變了我人生方向的一個重要里程碑。回憶民國八十一年底，在初識張曼琳老師而後的一個星期，當時全公司所有同仁利用大約十多分鐘時間，接受了這項全球權威的PDP 天賦特質測試，在測試報告隨即出爐的解析中，所有同仁又驚又喜地認為這麼簡單的六十題形容詞，居然可以那麼清楚地描述一個人的天生本質？為何它能說明我的工作角色扮演？又為何能呈現出「別人眼中的我」？竟然能透過這三個圖表完整地描述出來！

　　除此之外又提供了我的決策思考模式，工作模式的優弱勢與能量，並將我在工作角色中調整的工作士氣、工作負荷及壓力調

適等相關資訊一一洞悉。在接受了這些訓練後，張曼琳老師及PDP便成為我事業發展的重要夥伴，至今已有二十四年。

中國人常言：「一命二運三風水，四積德五讀書。」道出人的一生寫照是可以創造出來的，最重要的是如何找出自己獨特的天賦優勢，通常這點反而是一般人經常忽略，也是最困難的。

如果能客觀地對自己的優缺點加以分析運用，懂得揚長避短與別人互補，並在人生舞台上不斷的調整與學習，朝著人生目標邁進，必能有個美好的人生！

綜觀中外知名的領袖，每個人的個性迥異，出生背景也毫不相同，卻能成就一番事業，都明白的告訴我們「領袖是可以創造的」！

個人從事教育訓練與管理顧問產業已近三十年，PDP 除了讓我找到自己的天賦並開闊我的人生外，並將自己所悟所學結合人力資源管理的專業與實務，協助了企業與人才，首先找出他們的重要天賦特質，觸動生命的能量並確立自己的定位後，再學習如何對組織發展有效地布局與經營，避免領導者因個人性格作風所產生用人不當或溝通不良的盲點，教導他們如何掌握「適才適所」並學習有效地溝通技巧與激勵，運籌於帷幄之中，以協助組織的每個人發揮個人所長，並能有效地運用組織內的人力資源共創整體的經營績效。

張曼琳老師，是我的貴人，在我事業上給予支持與協助，在此表達我內心真摯的感恩之意。老師亦應用她在產學界具有的豐富資歷與經驗，協助非常多知名跨國企業提供全方位企業經營管理與諮詢輔導，更將自己所學所聞結合世界中外名人的自傳，深入淺出，彙整成冊出書無數，所列舉的事例更是不勝枚舉，其內容更是著名報章雜誌媒體爭相報導的題材。

　　猶記國父孫中山先生的四句話「人盡其才」、「物盡其用」、「地盡其利」、「貨暢其流」。現今有許多企業經營者大嘆人才難尋，員工敬業態度不如往昔，經營不易，事實上，歸納績優的企業經營案例中，即發現擁有一套完整的人力發展政策與運用有效的工具是非常重要的。

　　「唯有不斷奮發向上的員工，才能有不斷成長的企業」，這是我對共好同仁常說的勉勵詞。張曼琳老師對PDP 專業的全心投入，一直讓我非常感佩，願藉其再次出書能給讀者們認清與掌握自己的天賦特質，再次觸動生命的能量，展現美好的人時生。僅此祝賀之心，希望本書在付梓之後能帶給人們更多的啟示與運用。

推薦序

▼

我眼中PDP的獨特價值

洪淑姮Sharon（Forward Group CEO）

　　在這個複雜多變又快速的時代，很多人感覺自己就像隱形人，得不到尊重和理解。正如大衛・布魯克斯在《深刻認識一個人》中所說：「人最渴望的，就是有人以關愛和接納的目光，看著自己。」而這正是「照亮者」的精髓所在。我認為PDP這套系統，正是幫助我們成為職場中的「照亮者」的強大工具。

　　做為一個致力於成為「照亮者」的企業領導人，我深刻體會到PDP在現代企業管理中的重要性。它幫助我們實現大衛・布魯克斯所說的「我看見你」。通過PDP，企業主和領導人能夠真正了解每個員工的獨特之處，不僅看到他們的表面行為，更能洞察他們內心的動機和需求。這種深度理解，使我們的員工能夠被看見、被理解。

　　PDP還讓領導人實現了「我看到了你的磨難」。在職場中，每個人都有自己的困境和挑戰。PDP提供的精準洞察報告，使我們能夠更好地理解員工面臨的壓力和困難，從而提供適當的支持

和指導。這種同理心不僅能增強團隊凝聚力，還能創造一個更人性化的工作環境。

更強大的是，PDP使我們能夠「看到你的力量」。它幫助我們識別每個員工的潛力和優勢，並為他們創造發揮這些優勢的機會。當我們以理解和欣賞的眼光看待員工時，我們就能看到他們如何善用優勢天賦，展現自己的才能在工作崗位上。

跨世代的職場中，PDP這套心理科學工具，成為了職場中不同年齡層團隊合作的橋樑。它提供了一種共同語言，幫助我們理解不同世代的需求和價值觀，從而促進更好的溝通和協作。這種理解也使得團隊能夠安心地表達意見和異見。

PDP不僅是一個工具，它更是人生智慧的哲學。它讓團隊中的每個人都感到被熱情擁抱。

在AI科技迅速發展的今天，我們更需要像PDP這樣的工具來幫助領導人成為真正的「照亮者」。因為真正的人際連結是AI永遠無法取代的。

無論您是企業主、組織高層、人力資源主管，還是渴望提升領導力的管理者，PDP都將為您指引一條通往成為真正「照亮者」的道路。在這個人才競爭日益激烈的時代，我感到無比幸運能夠認識並運用PDP這套強大而精確的工具。它不僅照亮了我的

團隊，也照亮了我的客戶，更重要的是，它照亮了我自己的內心世界。

　　每當我看見一個個的員工，因著PDP被真正看見、理解而綻放光彩，或是組織中的團隊，因為學會彼此欣賞而更加緊密合作，我都有著深刻的感動！

　　在此，我要特別感謝我的恩師——張曼琳女士。是她帶我進入了PDP的世界，耐心地為我揭開一層又一層的奧祕及豐富。當我回首這段旅程，我深深感受到PDP為我的人生和事業帶來的深刻變革。它幫助我實現了自我，也讓我有能力幫助他人綻放光彩。這，就是PDP帶給我最獨特、最珍貴的價值。

　　願挑戰多變的VUCA時代中，更多企業及領導者能認識PDP，開啟新世代領導力的新視野。我深信，當我們學會真正理解並欣賞彼此時，我們就能共同創造一個更加理解、包容、充滿信任和相互支持的組織。

　　這，就是PDP所展現的獨特價值，也是它為我們指引的美好未來。

自序

喚醒自我真相的內在領導力

　　我從大學時代便開始喜歡廣泛閱讀傳記文學,發現這些知名人物大都了解自己的天賦特質,並且在遇到各種挑戰的過程中,把天賦特質的潛在力量充分發揮出來,這個發現註定了我多年後與PDP(領導特質分析系統)相遇的特殊緣份。

曼琳(Marie)、爸爸及婦女會總幹事王亞權。

父母間的認同關係影響我的生涯發展

我的父親是軍人，從小對我要求特別嚴格，無形中，加重我對學業成績和後來事業成就的得失心。而身為軍眷的母親，每天都生活在可能失去丈夫的恐懼與擔心自己沒有在外面賺錢的能力，因此，在我日後的成長歷程，軟弱對我來說代表失敗者，我不允許自己失敗，我轉而認同父親。

一九七四年留學美國期間，我就創辦了一家外銷汽車零件公司，成為女企業家，讓父親對我感到驕傲。因為必須面對商場上的挑戰，我積極開發自己內在的男性陽剛面，久而久之，我的女性陰柔面自然被壓抑住，陰陽內在未達到和諧，顯現於表象的就是生病。

我生病的主因是因為在事業經營上遲遲無法突破，又在經營理念上與父親有相當大的差異。所以，我陷入事業發展瓶頸的壓力和與父親的理念衝突，得憂鬱症修養了兩年。

在生病期間，我開始學習對自己有耐心，要能允許和接受自己的脆弱。允許和接受之後，自然能夠包容，包容之後，自然能夠陪伴，陪伴即是愛。那時候我不斷透過健身、閱讀和心理諮商來療癒自己，我希望能調整自己男性陽剛面與女性陰柔面的內在個性失衡。

從汽車零件製造業轉型教育傳播事業

一九七五年，我在聯合國代表台灣的僑光社擔任財經記者一職，我覺察到服裝穿著、氣質和氣度對一個人的社交成功與否，占有極大的決定因素。於是，我利用週末時間，進入美國一所專門訓練女性儀態、氣質養成的「整體美貴族學院」進修。在那裡，我接受了外在美與內在美的全方位訓練，一年的課程結束後，我決定將這項課程引進台灣。

一九七六年開始籌備，於一九七七年正式在台創校，並高薪延攬我在美國的二位老師來台，可惜，當時台灣整個社會風氣與經濟尚未達到那個水準，而紐約來的老師也不適應當時台灣的生活，一九七八年底，結束這項事業。

後來除外銷汽車零件貿易外，我先後開了兩家工廠，產品外銷世界五大洲，並同時也讓我賺足荷包環遊世界，且在一九八〇年結識了任職南非總商會會長的我先生Mr. Mac van der Merwe 范麥爾。接著，在一九九一年與我先生結婚，開始從事教育傳播事業，我先鎖定一家主動發現自我和開發領導力的PDP 品牌台灣地區獨家總代理。

由於，我在一九九〇年底做了第一次PDP 測量時，發現我的耗能量測驗值（漏電部分）竟達四格之多。一般人做全職工作所需耗費的能量是二格，我竟達二倍之多。細究後，我發現是因

為我正在承受三種壓力，第一個壓力來自於我不得不結束汽車零件外銷的事業，在這個過程中我必須面對爸爸和弟弟的質疑。第二個壓力來自於我對自己由外銷全世界轉為進口美國教育系統內銷台灣，且又轉行到教育事業陌生領域。第三個壓力為私領域，對於自己是否能扮演好婚姻中「老婆」這個角色，內心很沒有把握。

張曼琳（Marie）與先生范麥爾（Mac）在約翰尼斯堡——背景為Mac 在南非商會會長期通過建立的南非商會會員的辦公大樓。

　　所以，我非常訝異PDP 系統既可以看出我的心力與情緒上耗能量，又可以看出我所重視的家人角色部分。因為我深感震撼，決定更深入學習這套學問，並即在一九九一年代理美國PDP 成功領導特質研究。

開發PDP 領導管理整合工具

　　PDP 系統正是一門測量每個人天賦特質的行為科學領導管理整合工具，支配性、表達性、耐心性和精確性這四個性格特質是主要的測量標準。支配性較強的人代表你有老虎型的天賦領導特質；表達性較強的人代表你有孔雀型的天賦領導特質；耐心性較強的人代表你有無尾熊型的天賦領導特質；精確性較強的人代表你有貓頭鷹型的天賦領導特質；而上述「四種特質」均在1/2中線指標內──即代表為整合特質的變色龍型。

　　PDP 系統關切每個人的三種自我：自然本我、工作角色的我和別人眼中的我，並且會個別評估這三種自我各自傾向何種天賦領導特質。特別是在工作角色的我這塊測量圖表中，有一欄是能量耗損，可以反映一個人在工作中所耗損能量的大小值與滿意度能量。

　　這個能量耗損值對於創業的老闆和公司的高階主管特別重要，因為這些人工作過度忙碌，而沒時間處理自己身體，如健康及工作的情緒上壓力與所愛家人的親密關係。一旦出現夫妻問題和親子問題，這些人的工作能量耗損值就會過高，並且承受很高的身心壓力。如果這些人的身心健康最後崩潰，不僅影響整個公司員工的工作安定，也會影響整個家庭與社會的經濟生計。

　　所以，我很重視PDP 系統的預防功能，只要老闆和高階主

管有定期做PDP 測量，一旦我們發現能量耗損值過大，滿意度過低，專業訓練人員就能以諮詢輔導來減輕這些人的身心壓力。

目前我身為PDP 大中華區總代表十六年有餘，深深覺得自己的天賦才華就是用PDP 系統工具來幫助人們開發個人的領導天賦特質，並用PDP 來檢量主管公私領域能量耗損值與工作滿意度的高低值，來預防這些經營者和管理者出現身心崩潰的危機。這是因為當我五十歲時，即先後十年已把PDP 領導特質與古今中外成功人物的成功特質比對完成，並已出版了行行出狀元的PDP 特質八本書之後，由於代理的另一個品牌的變革方向與自己天賦禮物落差太大，突然間覺得整個人創意枯竭，陷入江郎才盡的狀態。我做了PDP 測量，發現自己能量耗損值太高，工作過勞身心疲憊引起健康問題——高血壓。

恰巧此時期我遇到克里斯多福老師做生命教練的諮詢，才發現自己跟大部分的經營管理者一樣過於偏重願景的創造與事業的開創——工作領域的過勞，而忽略了私領域的平衡面和發掘自己的身體健康承受力及內心真我的本質和力量。一旦我們這些經營管理者，將生命時間大部分用在事業上的角色成就而壓抑自己，沒有時間與自己及所愛的人一起，反而會被原生家庭和親密關係的問題困住，就會出現能量耗損值太高的健康問題。

直到我們願意面對自己與原生家庭和親密關係有關的負面情緒，並且面對內在情緒的清理和淨化，才能重新喚醒自己的真

我，拾回自己的力量，當一個有內在領導力的人。所以，我才會產生先運用PDP 系統來檢測主管的能量耗損值，成立領袖協會又加入了第二個十年增加探索家人角色的PDP 耗能量體驗與了解，再用克里斯多福的「生命教練」技能來輔導喚醒人生與真理真愛的源頭連結。

我希望本書能讓各位讀者從五型領導者的名人與生命教練的案例中，獲得很多突破自己局限，進而走出自己困境的啟發，喚醒與發現屬於自己真相的橋梁。

領導特質診斷──
猜猜看你是哪種個性特質

　　美國領導力管理整合系統PDP（Professional Dynametric Programs），是一門測量每個人天賦特質的行為科學領導管理整合工具，它將人格特質的四個面向—支配性、表達性、耐心性、精確性四個性格特質，做主要的測量標準，將人格特質、天賦才能分成五大類型，分別是：

　　高支配性的老虎型：具有競爭的、切中核心、掌控與權威的。

　　高表達性的孔雀型：具有說服力的、組織的建構者、善於交際的。

　　高耐心性的無尾熊型：具有堅持的、周全的、可依賴的。

　　高精確性的貓頭鷹型：具有程序的、有系統的、精密準確的。

　　高整合性的變色龍型：具有變通、不定的、擅長因應變局。

四種人格特性，各有各的天賦才能與行為傾向，如果透過PDP測驗，只要在五分鐘內，你可以更精準了解。

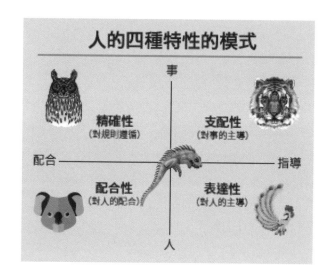

一吼天下驚，百獸之王——老虎型特質

　　此特質占人口比例 15%，且為先驅導航型的人，支配性高、對周遭環境採取主動、控制慾強、創新、冒險、決策力高、發號施令。

　　老虎號稱為「百獸之王」，不但性格威猛具王者架式，其敢

於挑戰，不畏未知的特質，所具的無與倫比力量更是其王者之風的展現，故老虎型人物多可說是天生的領袖人物，由歷史或國際知名領袖人物的個性特質分析中可發現，老虎型占了絕大多數，其要求最大最好的領導慾、改革創新的個性威力由此可見。

中外歷史上知名的老虎型領導者非常之多，美國開國元勳「華盛頓」便為老虎型人物，不願屈服英國不平等的壓榨，甚至面對當時擁有世界上最強大的英國軍隊，他卻絲毫不害怕，過人的勇氣，率領美洲同盟軍抗戰八年終獲勝利，也展現其發號施令的老虎長才。在美國建國後著重聯邦、州政府體制的建立及不戀棧權位的表現，不但令人津津樂道，也充分顯示其領袖遠見。

另外同是老虎型特質的鄧小平，其「貓論」建立中國「四十幾年來」以上經濟發展基礎，開創歷史也使中國在世界展現今成就非凡。

其他知名的老虎型人物還有英國著名的「鐵娘子」柴契爾夫人亦是一位不讓鬚眉的母老虎，她剛毅的個性和精力充沛的特質使她長居英國首相寶座，也因其改革創新的思想作風深獲英國人民及世界各國推崇。

老虎型族群的比較分析

古今中外的知名女性中，老虎型族群所占的比例最高。她們

最大的特性是企圖心強烈，剛強自信，往往把一雙原本只是「推動搖籃的手」，用來改寫生命，創造歷史。

居禮夫人、柴契爾、宋美齡、兒童教育先驅蒙特梭利、聖女貞德、希拉蕊、賈桂琳、海倫凱勒、武則天、俄國女皇帝凱莎琳等都具有老虎特質，她們在科學、政治、教育等不同領域都有不同的建樹。

老虎型女性對自己的期許很高，成就自我的慾望最強，因此在婚姻中最根本需要的是配偶給予發展的舞台。柯林頓、雷根、歐巴馬都屬孔雀族群，其面對老虎型的另一半，常以夥伴關係相對待，並且樂於給予發揮的空間，因此夫妻較能相依相惜。

如果同屬老虎型的夫妻，丈夫不但要給予太太空間與舞台，實力還要強過太太，婚姻的維繫才不容易出問題，像柴契爾的先生、蔣中正、甘迺迪等都是很好的例子。

其實太太是老虎型的，做丈夫的不管是那一族群，實力一定要很強，才能使虎族配偶信服，否則當老虎型的女性面對能力較低的丈夫，再怎麼講究溝通技巧都是徒然的。

仔細去研究歷史人物，不難發現，很多偉人的母親都是老虎型的，如中國孟母，美國林肯、華盛頓、甘迺迪、羅斯福的母親們，她們對孩子的期望很高，自然的就會提高對孩子的成就標準，如「虎父要求要有虎子，虎母亦同」，就如當代的虎媽們或

許就是這麼一回事。

老虎型女性一向都是剛強、先驅前衛、果斷的，很敢有所作為，因此不管在科學、教育、政治各種領域中，常常走在時代的前端，因而出人頭地。在未來競爭日益的社會中，這類的女性，勢必還會有更大的揮灑空間。

愛現愛秀、人群明星──孔雀型特質

占人口比例 15%，也是另一種先驅型的人，高表達性、外向、善於交際，表達無礙、交友廣闊，注重人際關係、性格和善愉快、同理心強、與高感性外表絢麗的孔雀一向為眾人讚賞的焦點，身為孔雀型人物的領導者也多以出色言談風度、熱情洋溢態度，在世人心中留下深刻的印象；而同理心甚高、也較突出的孔雀型人物，十分適合從事人際導向的工作，尤其在一個推動新思維、需要大家認同的時刻與環境中，表達性高的孔雀族群非常容易脫穎而出，成為登高一呼的領袖，孫中山先生、美國總統─雷根、柯林頓與歐巴馬總統即是代表性人物。

不過孔雀型人物注重人際關係的特質有時也會太過頭而導致太樂觀、太輕信別人，因此造成在人事上與老虎型的快速果斷與會展露權威比較，決策上稍顯優柔或不夠俐落。雷根雖在任內也

有些開創性作為，卻在任內最後一年因伊朗軍售案的人事風波，最終只有草草下台。

　　美國總統「柯林頓」是一位以帥氣外表、能言善道贏得世人目光的新生代孔雀型領袖。雖然他曾因未參加過戰爭、不斷的緋聞與白水受賄案等而為世人爭議不休，但他仍以優秀的經濟領導，且其任內還完美國政府欠債，及過人舞台風采活躍於世界政治舞台，這又是孔雀型人物的另一種展現。

　　眼光拉回到東方，「孫中山先生」也是一位以流利演講、開創作為、迷人風采著稱的孔雀型人物，幼年出國留學的歷練及廣結的人脈，使他在日後開創革命大業時得到不少海內外的援助，而他出色的詞藻、筆鋒使他在推廣革命新思想時也占了不少表達之便；不過因他出國甚久，在「識人」這方面也並不完全明智，因此一直遭逢軍閥內鬥的困擾，從袁世凱的稱帝到陳炯明的叛變都見其過度樂觀、理想性太重的個性，並且身邊又缺乏強而有力的幕僚為其效力，故觀其一，雖革命成功開創民國，但理想性格太重也造成他較缺乏落實理想，不過整體而言，他還是不失為一位成功的開創型激勵者與精神典範。

孔雀型族群的比較分析

　　古今中外的知名女性中，屬孔雀型的並不多，可是形象都很鮮明，總是可以帶給大家不一樣的風貌、印象。世界第一夫人—

羅斯福夫人、英國的戴安娜王妃與巨星奧黛莉赫本，她們或許都曾經在人生過程中遇到挫敗，可是當她們有能力來面對及解決挫敗時，卻往往能夠反過來鼓舞激勵別人，重新散發光芒，利用自己最自然的熱情來感染並幫助他人。

以羅斯福夫人為例，她曾經面對過女性最怕的「丈夫外遇」事件，也遭逢丈夫的小兒麻痺事件的危機，自己的潛能因此反被一一激發出來。她早期雖然是藉由第一夫人之便在發揮自己的理想，在丈夫死後，反倒是憑藉自己的實力在歷史留名，是相當難能可貴的。

戴安娜王妃的婚姻故事現在還是世人關注的焦點，她固然有孔雀的迷人風采，也有對人同理心、關懷的孔雀特質，尤其她在心理治療過後，憑藉「本質」自信的站在世人面前，更進一步去關懷、幫助疾苦人們，也是令人感動的女性。

其實由羅斯福夫人和戴安娜王妃的例子，我們不難發現，女人的命運、個性、格局、人生視野、志向，是掌握在自己手裡的。女性有能力做自己命運的掌舵者，從這幾位孔雀族女性的實例中，我們應該會有深沉的啟發。

平和近人、耐心堅定——無尾熊型特質

占人口比例20%，其中大多為「重視扎根與守成」的特質，高耐心、注重和諧、友善平靜、不自私、平易親切、誠懇、可信賴、和諧、很好的聽眾。

無尾熊，是一種溫和遲緩、友善和平的動物，和支配性高的老虎型相比照之下，似乎較不易成為統領的領袖，但研究中外歷史，身為無尾熊型的領袖卻也不乏其人，而此種特質的領袖正是以其耐心、毅力展現另一種不同的領袖風格，適合帶領中長期的規劃及守成的時期。

無尾熊型領袖人物中，最為著名的便是鼓吹不流血革命的印度聖雄「甘地」；相較於多數國家的流血抗爭，甘地悲天憫人兼具愛好和平的個性，使他一方面有感於印度所受不平等待遇而起義，但另一方面卻力推和平作風，以此為通往獨立自由的途徑，而其耐心的特質，也終能在長年平靜抗爭後開花結果。

耐心性的特質，如甘地非常地平易近人，個人的生活也都以簡單樸素為最高指導原則，並不特別重視物質享受，從甘地赤膊坐於紡織機之前的經典形象就能看出。與其高高在上深居大內官邸，他們寧可走入人群親近百姓，探討民隱，就可了解無尾熊型的友善與平易近人的特質。

此外，無尾熊型人物雖然較不亮眼，但其堅持到底的毅力卻不容小看，也往往是其成功主因。不放棄，直至最後一刻才會成功是他們的信條，由甘地長年絕食來爭取英國政府的讓步，皆以毅力為對抗外在阻力的主要利器，這種以柔克剛的力量，卻能削金斷石。此外，因為他們的耐心，也較少會衝動行事或只看眼前，較會有中、長期的規劃。

無尾熊型族群的比較分析

古人有所謂的娶妻娶德，現代的男人也還是會有娶個賢內助的企求。這種具有母德的賢內助，對無尾熊型女性來說，扮演起來是最輕而易舉的。

古今中外的知名女性中，宋慶齡、唐太宗的長孫皇后就是典型的無尾熊型女性。她們對生活要求儉約、樸實、簡單，喜歡反璞歸真，其中90％個性傳統而保守，是最佳的內務管理者。

「以夫為貴」是90％無尾熊女性的信條，因此常常是以扶助老公事業為第一優先。她們擅長以柔克剛，常以溫婉的手法來處理周遭的人際關係；令人有親切、賓至如歸的感覺，是丈夫在生活、事業上的好幫手。

在無尾熊族群中，90％的大多數是傳統而保守的，另外只有10％具開創特性，就適宜開創演出自己的事業，如印度聖雄甘

地、南非第一位黑人總統曼德拉與英國的現代護理創始人—南丁格爾。

看似溫和的無尾熊，沒有老虎的強烈主控力，也欠缺孔雀的耀人風采，更沒有貓頭鷹的精準；以及變色龍的圓融，可是仍可以用中長期的耐力和毅力來實踐和平的理念，所散發出來的光芒，是不下於其他族群的。

要求精確、傳統本分——貓頭鷹型特質

貓頭鷹型特質占人口比例20%，重視扎根守成的特質，高遵奉性、講求精確、要求品質、技術導向、按部就班、傳統、完美主義、拘謹含蓄。

最為人所知的便是「包青天」包公與西方的教宗保羅。通常貓頭鷹特性的人物都較為保守，不喜歡變動，多為成功人物身旁的左右手或技術官僚等，雖然較欠缺開創性，但從另一角度來看便是規矩、有原則，講求程式正義的個性，而包青天能不畏強權、為民申冤，這也是他之所以流芳百世的原因。

而貓頭鷹型的人物同時也以處事嚴謹著稱。同時貓頭鷹型人物因講求精確、有幾分證據說幾分話，因此較不善於表達，傾向

安靜思考、追求內在自我實現，這點由包青天少見大張旗鼓辦案，而是以微服暗訪的方式取代，也可見其心思細密及執行力。

貓頭鷹個性的人因具精益求精的特質，也多屬理性的智慧追求者，故傳統士大夫、現代法官、律師、會計師、精算師、建築師、醫師等需要高專業、高知識、高精確度的職務，或專業事務所等主管多見此種特質的人，開創度相對較為不高。

貓頭鷹型族群的比較分析

提到貓頭鷹型族群，總會使人直接聯想到嚴謹、認真、毫無瑕疵的印象，的確貓頭鷹型女性在生活、工作上的要求就是這樣的完美標準。

葛麗絲‧凱莉是貓頭鷹型女性，她給人的印象一直是外表冷若冰霜，內在熱情如火，對自己的要求向來就是嚴謹的，因此表演總力求完美。在她嫁入摩納哥王室之後，最先是難以適應，但是她卻強迫自己去修正自己，再走出自己新的一片天空。不管是扮演什麼角色，她都力求把每個角色演好。

日本民族是很典型的貓頭鷹型民族，尤其是明治天皇皇后的花道、茶道等更是徹底的發揮貓頭鷹特質，而日本人的太太也大多在扮演貓頭鷹的角色，在家事處理上的一絲不苟就是最好的明證。

貓頭鷹族群百分之百幾乎都是傳統的守護者，她們的外表常常是嚴肅的，這完全是個性使然，可是她們的內在卻也可能是熱情的，只是她們總是很小心謹慎的掩藏住自己的熱情，不輕易坦露自己。

　　由於對什麼事都力求完美，因此貓頭鷹女性也常常流於吹毛求疵。在未來社會對專業菁英需求日益增高的情況下，具貓頭鷹特質的女性如果把力求精準的精神充分發揮在工作事業上，相信也會有很大的發展空間。

天生多變、適應力強——變色龍型特質

　　占人口比例30% 的中間特質，極具適應力、協調性及配合度高、性情中庸、沒有原則便是其最高原則、迴避衝突、計畫周詳、是天生的外交家。

　　變色龍一如其名，其迅速反應外在變化的特質最為人稱道，而具變色龍型特質的領導者也具備了極具適應力、生存力、韌性高的特質，在團體中頗具整合能力，同時又具無我精神，通常以迴避正面衝突為其最高準則，可說是天生的外交家，中國歷史上著名的諸葛亮、劉伯溫、張良與美國總統老布希、卡特總統皆屬此等人。

而同為老虎型的變色龍助手，毛澤東的副手周恩來、尼克森的親信季辛吉相較之下便屬高開創性的變色龍，而這種類型的變色龍通常較需開創性也高的領導者才能將其推動，而他們也都很幸運的碰到了開創性高的領導者，圓融的個性也剛好能使權力心重的領導能夠信任他們，可說是絕妙搭配，更可見變色龍型雖處「伴君如伴虎」之境，卻有立於「不敗之地」的自信。

　　「周恩來」的變色龍性格剛好與「毛澤東」的威權老虎形成絕妙互補，而周恩來也對自己溫和的主張，在中共槍桿子出政權的大勢下出頭機會小的局面十分清楚，故甘於扮演老二角色，但同時他也可以在外交舞台上發揮他的長才，利用有限資源，將大陸推往世界強國之林，和他交涉過的人莫不對他有高度評價。

　　同樣在外交上有傑出表現的季辛吉也有一番傑出表現，所以能一方面得到多疑的尼克森之信任，充分展現季辛吉見微知著、洞悉人性的本事，另一方面季辛吉也因此能在國際外交舞台上盡情展現，擔當起代表尼克森玩國際牌的大任。季辛吉擅長溝通協調，開創並非其所好，而這方面便有尼克森帶動導航；尼克森不善也不愛交際，而這方面的缺失剛好由季辛吉補足，兩人可說是絕妙搭檔。在台灣李登輝時期，派到香港與大陸談判的密使鄭淑敏女士，與當時唯一鬥贏李登輝的救國團主任李鐘桂女士均為整合型人物。

變色龍型族群的比較分析

對變色龍來說，與配偶的相處，溝通不是問題，調適也不是問題，問題就在於能否在人生理念、婚姻理念上面取得一致性；如果欠缺這種理念和價值觀的認同，幸福就談不上了。因此變色龍族群的婚姻幸福與否大多取決於理念認同上面，不像其他族群，除了理念和價值觀的差異問題外，85％的問題是出在溝通上面的個性不同而不能相容。

其實變色龍型族群不止是在婚姻生活上重視理念的契合，在事業上又何嘗不是如此。像諸葛亮為什麼不為曹操效命，而對劉備鞠躬盡瘁，周恩來也一直願意在共產黨中屈居第二。基本上都不是能力問題，而是人生際遇及理念上的問題。

變色龍整合能力強，一生追求的是「中道」，行事風格最能達到「無我」的境界，基本上對別人的要求並不過份，因此比起其他族群，能夠與人相處的圓融比例也就相對提高。只要能夠取得理念上的認同感，變色龍型族群在工作、婚姻等各方面就能散發出極致的光芒；有了認同感做為前提，他們的忠誠度和潛能的發揮，都是不容懷疑的。

PDP解讀世界領袖

INNER
PERSONALITY
LEADERSHIP

我對馬斯克與
賈伯斯的性格描繪

▶

可掃QR Code 開啟YouTube影片一起閱覽
Marie老師主講日期：2024年2月15日

❶ Marie老師，馬斯克與賈伯斯傳記的作家，都是華特‧艾薩克森，請問馬斯克與賈伯斯有何共同之處呢？

他們兩位都允許這位傳記作者去訪問他們所有的同事、家人、妻子、小孩，還有以前的競爭者、以前的背叛者等相關的所有人，沒有局限，顯現他們兩位創業家的性格，讓讀者或研究者可以看到完整的面向，有別一般的傳記只是寫這個人一生有什麼夢想、他要幹什麼，接著就直接講他有什麼困難，全部是一個角度，我們從華特‧艾薩克森的傳記可以看到多面向的角度，是非常棒的。

他們兩位都專注在做偉大的產品，動機都是在怎麼樣做得完美，而不是在獲利，除了對科技工程創新的熱情之外，專注對使用者、對人類有什麼貢獻、得到極致的效益跟品質，也要求他們共事的員工都彼此坦白誠實，成為值得信任的核心團隊，他們都有很強烈的控制和掌控性，所以他們生氣的時候，讓共事的人緊張不安，也是刺激團隊的動力，建立了全世界最有創作力和最有價值的公司。

舉例：美國航太工業NASA是政府注資，但因為成本太大無法控制，停擺了幾十年，沒有辦法再上太空，馬斯克成立SpaceX，以私人企業的身分與核心團隊以小博大，發揮不斷創新的精神，完成了私企也可以上太空的創舉。

賈伯斯和馬斯克都認為要不斷的創新，精益求精，結果都帶來產業革命，改變了人類的生活和歷史。

❷ Marie老師，馬斯克和賈伯斯，兩位人生觀有何不同呢？

　　2008年全球金融危機，馬斯克的公司Tesla和SpaceX的資金耗盡，早期背叛他、將他踢出PayPal的合作夥伴，反而回來幫忙他、投資他，他認為這是他的業力。

　　賈伯斯以前在蘋果的時候，也是被他請來的CEO聯合其他股東把他剔除掉，最後又回到蘋果，在他晚年生病、傳記作者訪問他的時候，他說他很感恩，矽谷前輩讓他站在他們的肩膀上，能夠完成這個事業，改變人類，他有一顆感恩的心。

　　馬斯克和賈伯斯他們最大的不同是，馬斯克相信宇宙觀，賈伯斯和其他的人關注在人類的世界觀；馬斯克從未談生死觀，賈柏斯在他過世前幾個月，作者訪問他的時候，他傾向於相信來生，也相信人的意識是不滅的、是永恆的，這乃與賈伯斯修習禪學有關係，但他脾氣很大，還沒辦法生活化。

　　馬斯克對宗教質疑，相信科學能夠解釋萬事萬物，如科幻小說《銀河便車指南》是影響馬斯克一生最大的一本書，這本書啟

發他建立了特斯拉，為人類淨化能源，另外SpaceX的願景乃是將人類送到太空，這都是他這一生的人生觀。

❸ Marie老師，請問馬斯克和賈伯斯的願景和價值觀？

他們兩位的事業和願景都是要改變人類的生活方式，而且如

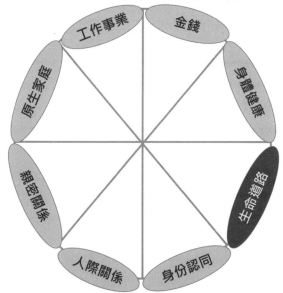

馬斯克與賈伯斯的挑戰

生命教練圖：出自克里斯多福·孟

今都確實改變了人類的生活方式，也改變了人類歷史。賈伯斯的價值觀是在「獨一無二」，不同凡響是他的願景，他所做的一系列蘋果產品都是要不同凡響，獨一無二。

馬斯克一共完成了九大事業，都是在變革人類生活的方式，除了特斯拉淨化能源、電動車自動駕駛這一系列的AI，都是由他設計完成的。

❹ Marie老師，馬斯克的人格特質？

他基本上是硬派作風，我用動物類型和PDP的特質來勾勒描繪他的個性特質。根據這本傳記，加上我看的十幾部不同影片的綜合歸納，他是老虎個性的特質。

他非常強烈，而且他的強度是在人口最頂尖的5%。因為他的硬派作風非常強烈。他相信高生產力和高產值，因為這樣的個性，只要能達成目標，所有的創新點子他都能夠接受。

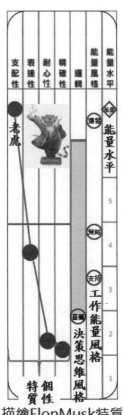

描繪ElonMusk特質

目標至上，逆向思考，這是最重要特色。

此外，他非常主動積極，宏觀的思想走在時代前端，他擅長掌握事情的重點，因為他以目標至上，所以他的人際關係較疏離，但是他掌握重點的能力非常強，這是他最鮮明的特色，占他原型個性的50%。

因此一般新來的員工比較不習慣，像Twitter。他充分運用原來已建立的非凡共識及能力超強的核心團隊，包含做科技的、工程的，把這些人帶到新的事業，很快的建立新的事業文化，這是他最突出的特質。

他最低的特質是精確性，占個性的20%，因為自由至上，思想非常宏觀，大開大闔，他的精確性指標最低，占最低總人數的頂端5%。

他顛覆傳統，是非常宏觀的戰略者，對風險的忍耐度非常高，容忍強度比95%以上的人都高，而且還可以容忍不確定性，創立Tesla電動汽車、SpaceX，把人帶到太空去，他願意忍受不確定性，擁有最獨特的特質和冒險性，這是精確性指標最低的個性特質。

他的SpaceX將人類送進太空，以小搏大，將美國航太工業NASA做不到的、停滯幾十年的航空業，以一個私人企業獨立完

成，這都是他的精確性指標最低的特色，可以大膽冒險、願意完成這個獨特任務，占他個性的20%。這裡都顯現了他願意冒險、精確度最低、戰鬥力最強，願意跟著航太工業冒險，還要在未來把人類送上太空，基本上他的Tesla電動汽車也是以小搏大，營業額已經超過了5家傳統汽車的總和，包含通用、福特、Toyota等，還幫人類淨化能源，這就是他顛覆傳統、精確性最低、冒最大的風險的個性特質，這部分占他個性特質的20%。

我們摘要一下，因為他最高的特質是老虎，創新力、逆向思考力最強，獨立自主的完成能力最強。最低的是精確性，願意做獨特的任務，願意冒更大的風險。他能夠將所有的創新力、想像力都化為現實，這就是放大每1元的效益到無限效果的創業家精神。

此外，他的表達力特質較低，相反的，他想像力豐富又能夠落實執行。他的耐心性非常低，幾乎跟最低的精確性特質很接近，也就是非常低，這有什麼特點呢？他的執行力極強，他的動力也極強，所以他的傳記作者曾說，他常常會運用爆能在處理危機上，有任何問題發生的時候，他動員團隊都是用這一招，耐心性特質極低，而貓頭鷹特質極低，願意冒很大的險和不確定性，這都是馬斯克個性的幾個特質，正好能夠幫助他完成任務，顛覆傳統，改變歷史，創造新的產業革命。

他擁有決策思維，基本上他屬於強度非常強的直覺型，他本

身也是一個天才，他很有洞見，從小也閱讀非常多的書，包含許多科幻方面以及工程方面的書，所以他在為投資案做決策的時候，有些決策非常的精準。

另外，PDP也有提到執行任務時的風格指標──ＴＡＳＫ，分別代表爆發力（Ｔ）、支援力（Ａ）、策略力（Ｓ）及能量水準（Ｋ），在執行任務的時候，他最高的指標是爆發力，所以他對臨場感、市場所需要的部分拿捏得非常精準，他有極大的開拓

馬斯克與賈伯斯的挑戰

生命教練圖：出自克里斯多福・孟

力、策略力指標次低、支持力指標是最低的，他因為爆發力指標最高，所以他絕對相信——只要主帥在戰場，臨場表現最好，戰鬥力最強，他可以帶領核心團隊成功完成任何他要達成的任務。

他的K（能量水準）動力也非常高，就像電池一樣，他的能量水準是在人口頂尖的5%的位置，7的中央能量水準位置，所以他是工作狂，當他遇到問題的時候，即使有豪宅也寧可睡在辦公室的地上，想辦法去突破、去完成，同時也可以帶動他的整個團隊，他們稱之為「爆能運動」，我們叫緊急警報練習，所以他的核心團隊，不管是SpaceX也好、特斯拉也好，都能完成所有投資的事業，持續改變人類的歷史，除了改變、淨化能源，他透過AI做更多的功能，他的核心團隊裡面的科技工程都是最強的，他由這一領域最強的人來領導其他人，來檢驗、帶領動員團隊。

❺ Marie老師，請分享馬斯克和賈伯斯私領域對生命的影響？

我們第一題就講過，因為他們兩個都允許傳記作者訪問他們的各種面向，包括小時候的成長過程，通通都寫得蠻完整的。我們知道第一本《賈伯斯傳》，連續好多年位居世界暢銷書第一名，對我個人也幫助很大，因為我研究傳記、心理科學二十幾年，此外，靈性的研究也有十二年，2011年12月份我在上心靈課的過程中剛好得知他去世，他的傳記剛好在那時出版，我就在12

月份把傳記看完，他那本傳記共700多頁，寫到他從小是養子，有養父母照顧，小時候5歲多，鄰居的小孩對他說「你父母不要你了」，他那時打擊好大，他感覺從頭到腳整個身體都震盪，在心靈課領域，這就是身體的記憶，很靈性的記憶，身體的記憶是永遠不會忘的。

他這一生幾乎都在追尋他的自我身分認同，所以他一直強調，他的養父一直對他說「你是獨一無二的」，不斷的跟他說這些，所以對他而言，怎麼樣讓蘋果手機能夠做到對使用者來說是獨一無二、不同凡響，是他創造的無限價值。

他在追尋內心的陰暗面、自我認同這一塊，剛好就把我12年所學的靈性發展和22年的心理科學，這兩個領域整個整合了。剛好2010年，全世界開始進入量子力學的探索，把科學跟靈性整個整合了。

所以你們可以看到，賈伯斯的傳記允許傳記作者在各種領域訪查，包括他未婚生子的女朋友，他也鼓勵傳記作者去訪問，這本書賈伯斯說自己不會看，是為了未婚生下的女兒麗莎而出版。因為他在有生之年和麗莎的父女關係一直好好壞壞，他以前也不認養她，如同他的親生父母，把麗莎給了養父母去帶，等於再次重複他原生家庭課題的過程，他希望麗莎有機會可以看這本書，所以在他過世前兩年，癌症嚴重惡化的時候，他已經沒有力量了還撐著，這本書就是寫給他女兒麗莎看的，希望讓女兒有機會能

夠了解她的爸爸。賈伯斯這麼做讓我看到他對自我身分認同的這一生的努力，這也是他的動力來源，所以他的私領域願意敞開給傳記作者，這同時也是他生命的陰暗面，他掙扎的過程都可以在其中看到。

而馬斯克更嚴重了，馬斯克從小就看到他的媽媽被爸爸家暴，而他也幫助不了媽媽，剛好我在前幾年也讀過他媽媽自己寫的傳記，大部分內容都關於被家暴。他的媽媽後來跟爸爸離婚後回到了加拿大，他出於好奇願意跟爸爸同住，很小的時候在學校就被同學霸凌，所以他一個人會一直看書，百科全書和所有的書都被他看遍，有點像自閉症一樣，被同學欺負、在家裡又看到媽媽被爸爸家暴，所以10歲到17歲一共有7年的時間受到精神霸凌。他小時候喜歡沉浸在書本裡，科幻小說是他最大的激勵，是鼓勵他生命的來源。

我們現在社會也看到，不管是FB也好，或其他社群，很多小孩子都受到霸凌。所以馬斯克到18歲就決定出走到加拿大，婚後成為美國人。加拿大到美國很近，很方便。

雖然說馬斯克這一生相信科學，他也會玩很多的電動遊戲，包括軍事類的各種比賽。當初烏克蘭戰爭，他為了幫助烏克蘭，也提供許多援助。一開始是為了人權，後來發覺他們的運用已經超越了人權範圍，就不再供給他們使用了。

不管是賈伯斯或是馬斯克，兩位性格都屬於火爆型，是一種個性上的習性。賈伯斯學禪學，36歲結婚時由他的禪師來做結婚證人，常常前往印度，在印度7個多月尋找生命的陰暗面，自己不願意讓別人看到的這一塊。賈伯斯自己也說，他是個工作狂，工作時的個性和他在禪學所修煉的還沒辦法整合、生活化。所以我們知道在靈修這一塊最大的阻礙就是習性，賈伯斯在學禪學的時候完全是以求智慧為主，我們說智者不惑，他雖然沒有疑惑，但是他的脾氣習性仍對他的影響很大，也影響他面對其事業和核心團隊。

　　馬斯克每到一個新的事業，他一定會帶著他原來的核心團隊。無論是在特斯拉或是SpaceX，他建立已經信任的核心團隊，大家都能夠接受他這種火爆的脾氣，不影響他們開發自己的天賦特質，所以能夠共同創作改變歷史的作品，如同《銀河便車指南》。

❻ 請Marie與我們分享馬斯克個人私領域的總摘要？

　　馬斯克生命的陰暗面、挑戰面——當然離不開一般大眾所看到的——他的人性面。看他的同事，以及他的家人，也就是親密關係、親子關係，都可以看到他的習性。

我覺得這位傳記作者，不管是《賈伯斯傳》，還是《馬斯克傳》，他的面向寫得很完整。所以對我來說，我從18歲到現在74歲，看了56年的傳記，看到這麼好的作品很歡喜。我在心理科學也耕耘了32年，我再分享一下，我所說的這個背景題目比較大，我在心靈的生命教練也學習了26年。

　　另外我本身在美國研究所念政治科學，又念到中美關係。我也在36歲的時候請了家教學習中國的古典哲學：老子、易經、大學、中庸。三年多前，我看了馬斯克媽媽的傳記，一本書裡面有一半以上都在談論她的婚姻、被老公家暴，因此，馬斯克的媽媽最後決心不管任何風險都要跟老公離婚，帶著小孩移民到加拿大，這是一個蠻重要的生命決定，對馬斯克也有很大的影響。

　　我們看馬斯克因為從小就看到媽媽被爸爸家暴，這對小孩子來說是很大的震撼，而他在念書的時候，小學期間也受到同學霸凌。我記得他在傳記中提到，他的鼻子常常被打歪，以致後來鼻子還要去整形。

　　他非常好學，從小每天看兩本書，不管是科幻、物理學，各方面都看。我想到我也是因為看傳記，到學校圖書館除了理工科微積分和數學、會計不看，其它圖書館內幾乎所有的人文書都看了。而馬斯克是看科技類的書，因為他爸爸是學工程的，冥冥之中他也很喜歡工程。

在他10歲到17歲時，爸爸跟媽媽分居了，他對爸爸擁有的車子、外在光鮮亮麗的一面很好奇，就決定去跟爸爸住，卻在精神上被爸爸霸凌，所以他的生命跟一般人有很大的不同。17歲以後，他決定重新走他的人生，先去到加拿大，後來又來到美國。

他的生命發光發亮的地方是在自由資本主義的國家——美國。這影響到他的個性，另外一方面也影響到他的事業，怎麼說呢？我研究心理科學33年，對象都是跨國企業的個案，還有本土的，各個都是產業龍頭，所以我自己的個案差不多有三十幾萬個，因為看了馬斯克的傳記，我看到了他不能夠接受爸爸的霸凌，覺得是自己生命最大的恥辱，也包括他的爸爸和繼母的女兒亂倫，還生下了小孩。

我有幸以前上過海寧格的家族排列，了解這種亂倫對那個被出下的小孩來說刺激有多大。對馬斯克來說，事業明明已經有這麼大的成就，但父親的這種陰暗面這麼深，造成整個家庭的恥辱。我記得我在看他媽媽傳記的時候，我的老公就跟我說，他家裡還有更深層的陰暗面。而這本馬斯克的傳記全部都寫到了，全部都探索出來。

他在大學時代玩電玩、看書、參加派對，電玩是他最喜歡的，有一半的時間花在玩軍事方面的遊戲。我們也知道，他的星鏈幫助了烏克蘭，而他的投資人都是猶太人，這段時間剛好將資本抽離，資本一下就被拿掉了幾千億美金，他面對這個挑戰，親

自到以色列去。他從小看這麼多的書，累積的決策思維品質非常的寬廣，面向又非常的深刻，超過我們一般人可以想像的。他在做決策的時候，直覺力非常的精準，能夠抓到問題的核心，這一點在事業上先後被他很多夥伴發現，十分震撼。

另一面是他在事業上脾氣暴躁，能夠加入他的核心團隊的人，基本上有很多是他的弟弟、表弟、姪子，來自他的原生家庭。

馬斯克的挑戰

生命教練圖：出自克里斯多福·孟

他個性面——孔雀指標是低的，注重隱私、含蓄、想像力、原創力非常豐富。他因為重隱私，所以跟他的家人、原生家庭的關係都非常好，包括他在賓州大學最好的同學是一個中國人——任宇翔，也是非常好的死黨，因為他們兩個都是宅男，所以他們總是一起玩電玩、討論物理學，這些物理學的原理原則跟科幻的關聯，包括他對宇宙觀、電動車的想法。他那時候很欣賞加州法規（10%車輛須為電動車），嚮往電動車能源的淨化。他大學時代是領獎學金 15,000 美金，因為家裡沒有這個錢供他念書，此外他還得到學生貸款專案，在大三轉進了賓州大學，也就是美國長春藤大學。

我們知道他是因為大學的中國同學任宇翔在大陸發展電動車時，向大陸政府申請到了一個人獨資，任宇翔在了解整個大陸狀況後，在事業上給予他很多幫助，成為他事業上重要的CEO。我們看到他都是任用大學時候最好的同學或原生家庭的親戚和姪子姪女，這些人對他的個性陰暗面、對他的個性都能夠包容，他們也像馬斯克一樣，從小在電腦軟體層次很強，又像爸爸一樣擅長工程製造，所以星鏈、電動車都做得很棒，自製率非常高，成本控制很強，像電動車特斯拉 70% 都是自製，星鏈上火箭也是他唯一一家私人企業，這種企業家的動力能夠超過政府資源NASA，可以看到他怎麼樣極大化他的天分和夢想，他是宇宙觀高度，可是影響他最深最大的一本書談到，如果宇宙知道你發現了什麼，它就空了。就這有點像量子力學，科學跟靈性到最後是連結的，靈性的區塊能夠包容很多，所以我這次看到 X 的事業

（以前叫 Twitter ，推特）對他的挑戰，其實就是他這一生的功課：一個是他的夢想，一個是他的陰暗面。他如果能夠面對陰暗面，包括父親的亂倫，父親對他從小的精神霸凌，他如果能夠面對這些挑戰，他跟賈伯斯都是改變人類歷史、改變我們的生活方式，還有產業革命的創業家。

如果能夠突破個人在成長過程的這項功課，我想他對人類的貢獻會更大，因為X也是跟人的關係。他從小因為媽媽被爸爸家暴、爸爸對他精神霸凌、他又被同學霸凌，所以他全心全意專注在書本上。

從好的一面來看，是他終身學習宇宙觀、科幻，還有整個工程物理基礎。他在賓州讀大學的時候，跟他的中國同學任宇翔，大三大四都在討論這些領域，在X（推特）事業，乃是馬斯克與人溝通的最大功課，是他的天賦禮物。

他如果能夠穿越，他個人就會得到更大的禮物，因為他做的事情都是他的初衷，知道對人類有益處，也是他自己的禮物，轉化我們生命的「漣漪效應」──成就整個人類的生命過程。

我對華為任正非的
性格描繪

可掃QR Code 開啟YouTube影片一起閱覽
Marie老師主講日期：2024年2月19日

❶ Marie老師，任正非中年失業，如何在 近80歲成為中國最被尊敬的企業家？

我跟各位分享的是根據兩本書，先給各位看一下，一本是任正非的傳記，這是花了10年的時間寫成，另外是很有名的一位記者，根據十幾年研究華為和任正非所寫的第二本書。

除了這兩本書之外，從2020年5月到現在的所有影片——關於華為重要的發展和進度我都有看。

2020 年的 5 月，他的女兒孟晚舟因美國前總統川普的政策在加拿大被拘留，因為華為的科技在美國影響很大，且對美國是很大的挑戰，所以當時美國總統川普對孟晚舟做了很多調查，引起全世界注意，所以現在全世界都曉得華為。

我們知道，任正非從創業到現在三十幾年——從2萬多的資產及200多萬人民幣的負債，在今日不僅成為中國最被尊敬的企業家，在全世界科技產業也是非常有影響力的人物，他的公司目前在全世界五大洲各重要城市都有分公司及華為科研所，這是非常顛覆傳統的重要案例。

② Marie老師，任正非如何在三十幾年的時間成就今天的華為？

好，我們看，至少在電信設備這個行業和智慧手機這部分，華為已經在全世界非常有影響力，尤其是對蘋果手機來說。

我們先從他人格面的領導特質來跟大家分享。

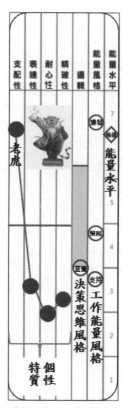

描繪任正非特質

我看他一開始從只有 2 萬人民幣開始投資，不懂市場、不懂業務、不懂行銷、也不懂技術，就敢從通訊領域開始做電信設備事業，**我的研究結果認為他是屬於老虎型的個性**，他非常主動積極，具有前瞻性，還有他專門挑全世界在他所做的產業裡最頂尖的公司，如愛立信、西門子還有貝爾，向他們學習；他老虎型的個性，就是積極主動、前瞻性、敢冒險，非常自信，**非常專注在這個產業裡最好、最頂尖**的公司，作為他們的學習對象。

從 2 萬塊錢、在一個舊倉庫起家，

他的魄力、勇敢、自信，讓我看到他屬於老虎型，支配性指標最高，而且這是最重要的，因為自信，還有他的勇敢及前瞻性，都是他老虎型最強的一塊，所以他對人、事、物的組織力，怎麼樣運用人才、怎麼樣運用內外在的資源創造動員力，是造就他成功的最大推動力，我認為他的支配性指標最高。

PDP的分析我已經做了33 年以上，且大中華區就有 100 多萬的案例，我個人所有全球跨國企業與本土龍頭企業的案例也有30幾萬；另外，我專門看傳記關係，從18歲至今共56年，18歲看《改變歷史的書》。

我試著勾勒出他的個性特長，支配性特質最強占50%，最低的是耐心性特質占20%，所以他對當代重要時刻的前瞻性、行動力、執行力，危機處理都是最強的優勢。因為這個行業他什麼都不懂，他當初就是因為不懂，常常會有各種危機發生，**他說既然上了賊船，要靠勇氣**，靠執行力處理危機。他對於危機的解決力是非常強烈的，他很注重公司所有同仁的動力，尤其他要成為此領域的頂尖，他擁有多樣性，執行力最強，

也是他最低的指標，這是他個性的第二個特色。

　　第三個特質就是他的精確性指標，在耐心性指標上面高了一點點，所以他特別會計算風險；從 2 萬元起家到現在，據他所說——上了賊船，但他非常的機警和機智，會隨時計算風險來處理，動員找研發，他們華為最有名的即是研發，研發人才用得最多，有時研發人員的占比多達公司的 50%，這是在產業上非常特別的，他的魄力、果斷和勇敢，願意在這部分投入這麼多。

　　另外，他擅長計算自己有多少子彈，面對風險，他非常前瞻，所以我說他的精確性貓頭鷹指標是第二低，而不是最低的原因，是由於在傳記裡可以看到，他雖然不斷的改革，但是他絕對不允許革命，因為革命的風險非常大，革命會導致不成功便成仁，所以對他來說，他是不斷的改革，在這個產業之中一直跟全世界的第一名競爭，他最近幾個月的影片說到：我們現在光的系統上、還有晶片的系統上已經不需要美國了，整體來說我們已經非常的強大。

　　除了他會計算風險，同時也會跟最好的第一名競爭，他也會鼓勵員工：當我們沒有比美國強時，一定要向美國學習，美國乃是學習的榜樣，我們不要有意識形態，我們要向好的學習。我們同時也看到，包括記者媒體都說他很難接受採訪，所以基本上他的表達性孔雀指標是在PDP圖表中線下面的低指標。

由於他是屬於製造業，是硬體行業起家，比較注重「做」，所以他不會也不願意讓公司上市，因此他不太接受媒體訪問。他比較喜歡安靜的去執行，去製作、完成，在最快的時間達到他的目標與方向。這是任正非的四個個性特點，在 PDP 裡面可以看到的領導特質。我總摘要一下領導特質的個性面：支配性老虎指標最高，所以有前瞻性；此外耐心性最低，推動力最強，執行力最強，解決面對危機的執行力也是最強，而且越多的危機他越能夠奮鬥，更有力量；他還會計算風險，他絕對不做沒有把握的事。他的工作壓力非常大，因為有很多不確定性必須要做很大的投資。他很會計算風險，所以他強調不做革命的工作，他要改革。這邊就可以看到他的精確性指標是第二低，而不是最低。他不會做破釜沉舟的事情，全部的投入會拿來改革，計算風險去做他認為可以做的。

　　另外他比較專注於怎麼樣以最快的時間達成公司的目標，他決定公司不要上市，所以不太接受媒體的訪問，除非是非常重要的時刻他才肯受訪。

　　剛才分析他個性行為特質的四大塊，接下來，我們再來看他決策的特質。他比較屬於直覺型，會根據過去的經驗，還有他內在高敏感度的直覺來做判斷，但他的行業是最前瞻最高科技的，一開始的競爭者都是從全世界跨足到中國的跨國企業，市場上就是他直接的競爭者，所以他在資訊不足之下要能夠快速做決策，他的直覺力、高敏感度及根據過去經驗的決策思維等特質十分

重要。

　　我們再看他的能量風格——做事的能量風格，他屬於開拓型的，他一直在做一些非常前瞻性高難度的工作，且常常到第一線。像他們五大洲都有設公司，每個地方不管是第一次去俄羅斯莫斯科，或者去非洲，即使那邊打仗，風險非常大，他也會去看望在最前線的員工，他離開當地時，那邊剛好開始革命，他就在別的城市喝咖啡，當記者訪問他的時候就可以看到他都是開拓性的在前線，他的所有決策一定跟最前線有關係，尤其當他整個事業擴展到全世界五大洲，包括歐洲、非洲等，這是很重要的關係。

　　關於他的能量水準，他的精力能量包括他的生理能量、心智能量，還有他的情緒能量，這塊能量也是他的動力，像一顆電池一樣，他是蠻有動力的，能量很高，我看這些資料估計他的能量在 6 的尾巴接近7之間，能量已經到了一般人口頂尖的3%左右，因為我們 7 是在人口頂尖的 2%， 雖然是屬於 6 的能量尾巴。

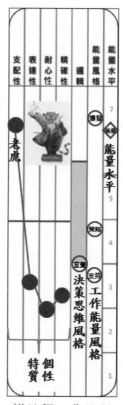

描繪任正非特質

他充滿高意志力、高能量、高心智量、情緒亢奮動能。這塊是他蠻強的部分。這些是我們看到的有形與實際成就，他的實體、硬實力的成就，以及他的個性面。這是我們比較看得到的一個成就，能夠達成今天的華為，在世界上不管他做智慧手機、高端的電信設備，他幾乎是頂尖或者跟頂尖競爭的、充滿挑戰性的成就。

　　剛剛所說的就是他在做硬體製造業，還有他個性領導特質這一塊，等於他的硬實力和硬實力的一部分。另外我們可以看到他的內在軟實力，當然，軟實力包含**華為的核心文化，還有他這個領導人、創辦人的內涵。**

　　我們看到他更深的內涵，他的生命力非常旺盛。我了解到即使已將近80歲，他還是面對這麼大的打擊。2020年5月，當華為進入美國市場，他就知道挑戰會更大，只是沒想到會這麼大，他也坦率的說，過去他的爸爸媽媽病逝，還有事業上的很多打擊，讓他壓力非常大而罹患了憂鬱症。記者有統計，在大陸242位創業家中有49%都得了憂鬱症，創業家的壓力是超過一般人的，**但這也是社會進步的推動力，人類的進步也是都是靠這些創業家。**

　　任正非在中國算是一個典範標竿的人物，我們看他雖然有這麼多生命上的挑戰，包括43歲被生意人騙走200萬人民幣，被公司除名及經歷離婚，三十幾年的挑戰可以看到他堅韌不拔的個性。因為從小家中7個兄弟姐妹，他是老大，他把爸爸媽媽沒有

私心的精神用在他的事業上。因為他們小的時候，整個大陸非常非常窮苦，他家七個小孩，所以如果那時候爸爸媽媽不會分配食物的話，他們根本就沒辦法存活。

小的時候爸爸媽媽無私的精神給他的教養跟家教，他學到也運用在事業上，因此在事業內部：他不願也不會讓員工吃虧。他不上市，因為他覺得這樣公司的核心精神文化才能保存；一般公司一上市以後，收入一下大增，容易墮落，那個衝勁和生命力都會下降，公司也會完蛋。

所以他提到美國五百大，每隔幾年就有百分之幾十的公司失敗，就是因為沒有生命力、沒有鬥志了。這也是非常重要的一點，是他拒絕上市的主要原因，希望對內員工可以認股，所以他寧願不上市而改用這種方式去激勵員工。

另外他在事業上也落實一切以客戶為第一優先，這非常重要，因為公司如果不是以客戶為第一優先的話，這個公司怎麼垮的都不曉得，因為公司的收入都是來自客戶。

我們看到這乃是他的生命磨練，這麼多的功課和試煉，帶給他的內在力量禮物，這才能看到他的領導力和視野。我們也看到他們的企業文化，他很注重公司的動能，他不喜歡公司裡怠惰、沒有生命力、沒有能量的那種感覺。

因此他善用鼓舞、動能、熱能，每一個人的工作活力對他來說非常重要。且他又強調「狼的團隊」，狼這種動物很注重團隊精神，不會走個人主義，所以他的公司核心在這兩處，當然他們現在越來越強，很多領域幾乎做到最頂尖，如他們科研的專利性專案已經到世界第一，好幾年前就達到如此水準，包括他們的研發科研，很多都是走在最前面。

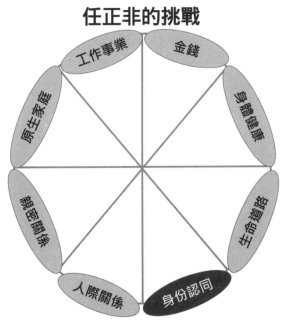

任正非的挑戰

生命教練圖：出自克里斯多福・孟

很多國家發生爭議，比如我們知道以前德國的前總理梅克爾，她的手機曾被美國監聽，美國也是會監聽各國領袖的手機，所以華為的手機自然也會被與中國有競爭關係的國家擔心，會受到中國監聽，這是一種爭議，關於數據隱私，還有國家安全。目前中東國家大量運用華為的手機和5G，這些就是完全相信中國的國家，跟中國在軍事上沒有矛盾的國家，反而都會使用華為的產品。

尤其像川普對華為的衝擊——孟晚舟事件，在那個時候任正非還說：我們還是要向比我們好的學習，不要用意識形態。1000多天後，如今最近的這一兩個月，任正非就正式宣布在光的系統上、還有晶片上，他可以做到全部不需要美國，連全球在AI市場上占70%以上最頂尖的黃仁勳都宣布，華為會是他未來最大的競爭者。

我們看到一個創業家能夠做到這麼大，他能夠穿越其個性面的限制。因為我們知道老虎型必須要學習的是樣樣都能夠雙贏，所以我們看到任正非真正是一開始就以雙贏為出發點，在他的產業內他會內化，還是很謙虛好學，這是他的內在超越了他個性的人格面。

❸ Marie老師，請幫華為任正非的經歷做總摘要。

我們今天回顧一下，蘋果手機目前在中國最大的競爭者就是華為。

我們知道，2023年8月份美國的商務部長雷蒙多在大陸拜訪的時候，靜悄悄好幾年的華為突然就推出一支最新最棒的手機，此一巧合等於雷蒙多還幫他做了廣告，全世界都知道華為。任正非即使被打壓得這麼厲害這麼多年，包括他的女兒孟晚舟在加拿大被扣留了這麼幾年，1000多天後回來了。美國前總統川普之後，拜登更厲害，以美國國家安全為由發動科技戰來對付中國，拜登其實是蕭規曹隨，他追隨川普；但後果更嚴重，他強制很多北約的國家，包括ASML艾司摩爾，除了美國，誰都不准提供高端晶片給中國。拜登的理由是軍事上的挑戰，不准任何國家提供晶片給大陸，因為這會對國家安全帶來非常大的挑戰。

2023年的8月份，美國商務部長雷蒙多到了中國，華為的新手機一亮相，全世界都很轟動，等於還幫華為做了免費的品牌廣告，發售後至少兩個禮拜到一個月一直都很夯，也看到華為創辦人任正非在這幾年中，經過這麼大的打擊，還能夠越挫越勇，且都能夠跨越。

我們來看看任正非重要旅程，他33歲的時候，當時還是軍

人，他做的是基建工作，還得到技術上的一等獎，那時候在整個大陸來說，年輕人得到這個技術一等獎是非常大的榮耀，可是43歲的時候這家軍企因為中國改革開放都變成國企，他被一個商人騙了200萬人民幣，當年大陸一般大學生一個月的薪水只有200元，可以看他這個打擊有多慘，且因為這樣而被公司除名，台灣叫資遣，還得再賠200萬元，同時他的老婆因為也是這家國企的高管，就此跟他離婚了，這個打擊非常巨大。

他借了2萬塊人民幣，還欠200多萬人民幣，一無所有。不懂市場，不懂技術，也不懂行銷，什麼都不懂。非常高難度的開始創業，還好他的父母與全家人都支持他，將家裡的舊房子當成一間舊倉庫，就開始創業。

這過程當中，他沒有想像的這麼順利，他是非常含蓄的人，不太接受任何媒體訪問，我們看到他從43歲到現在80歲，三十幾年來，他是個工作狂，第一個階段——他的口號：「我們活下來了」，用很直白的字眼來形容。他也很感慨他的父母在他埋頭工作的過程中都去世了，所以他得了憂鬱症。

剛才講述的是他的內涵，我們可以看到他即使在這過程中得到憂鬱症，有這麼大的挫折與挫敗，他還是越挫越勇。他堅持公司要做該做的投資，他們的研發隊伍一直是全球頂尖之一，加上他大公無私的精神，希望員工跟公司能夠一起成長，所以他們不上市，希望公司團隊能夠保持像狼群一樣的動能。

我們講奧林匹克精神就是老虎——虎族群的精神。2008年中國首度成為奧林匹克舉辦國，也是中國第一次在奧林匹克成為全球得到最多金牌的國家，老虎是喜歡參與贏的隊伍，非常注重遊戲規則，因為奧林匹克賽事中即使得到第一名，如果被發現嗑藥，第一名一定會被拿掉，不像中國傳統所說的一山不容二虎，這是老虎的奧林匹克精神現代版。而且老虎型的人是每年都會真正超越自己，還要超越人類的記錄。在任正非的領導之下，他就讓華為這整個組織保持年輕化，有動能化、有動力對任正非來說是非常重要的。

　　剛好我們PDP就有測量動能——動能的能量、精力、做事業的企圖心；華為在拜登宣布艾司摩爾禁令，下達最後通牒以前，**他們就有遠見就已經投資買了至少2年的研發存貨的晶片，荷蘭最棒的晶片，且吸引全世界最優質的科學家與數學家。**他們在研發上非常勇敢，要做世界頂尖的企圖心跟行動力，任正非都有做到。

　　還有就是美國像蘋果，還有輝達、特斯拉、微軟，美國的股票市場是全世界最大的，因此他們有很多創投會幫助資金投資提升，透過這些吸引力，我們可以看到微軟這麼早就提升了，包括蘋果。大陸沒有這種強大的資金平台資源，所以基本上也不受這些誘惑。

　　所以華為的精神，就是要有生命力，團結且研發一直維持在

頂尖，他們的品牌專利也是世界最多的。最苦的這幾年，任正非在軟體上，包括通往6G網路雲端運算的軟實力，都不斷的提升。所以輝達的黃仁勳說：未來華為任正非是他們最大的競爭者。

任正非的挑戰

工作事業
金錢
身體健康
原生家庭
生命道路
親密關係
人際關係
身份認同

生命教練圖：出自克里斯多福・孟

我對黃仁勳的
性格描繪

▶ ───────────────────────────────────

可掃QR Code 開啟YouTube影片一起閱覽
Marie老師主講日期：2024年4月3日

❶ 請問曼琳老師，黃仁勳於台灣台南出生，是什麼關鍵讓他成為人工智慧晶片的成吉思汗，是什麼個性特質造就今日的黃仁勳？

我今天因為要講黃仁勳，所以也配合這個人物主題穿了黑夾克，黃仁勳被譽為AI教父，現年61歲，CEO當了30年，怎麼在這麼短的時間之內，不管在事業上、金錢上、家庭上都還蠻成功的？

我們來看一下他的個性，我們用PDP個性指標和領導指標來看他的個性特質與領導風格。我PDP已經教學了32年，在大中華區一共有100萬份的資料庫，我個人專門做世界級跨國企業，累積了30幾萬的數據庫。

我勾勒出來他的個性是老虎型，老虎型是什麼意思呢？基本上他非常主動積極，主動讓事情發生，而且很喜歡競爭，尤其像他這種老虎型是愈競爭愈勇猛，但對手要跟自己旗鼓相當，並且要做第一名，這是他的一個特色；就像奧林匹克競賽精神，每年都要超越自己，還有超越人類的記錄。不管是微軟或亞馬遜的創辦人，都是50幾歲或60歲初就退休了，不再做CEO，同樣都是創辦人，黃仁勳算是美國五百大裡面當CEO當最久的，今年就已經超過30年。

PDP共有五種類型，有老虎、孔雀、無尾熊、貓頭鷹，還有變色龍。

黃仁勳父親在他5歲的時候跟著公司被調到泰國，因為泰國的政治非常不穩定，所以他爸爸就想辦法在他9歲的時候，仰賴在美國的舅舅，安排他跟他的哥哥去美國的教會寄宿學校。

他在學校因為是最小的孩子，被要求要洗全校的廁所，這所學校是專門為問題小孩設置的宗教學校，進來的都是問題少年，他的室友全身有7個疤，還秀給他看，一進來就給他一場震撼教育，也成為他一生最好的朋友。基本上我們東方人到美國，尤其是男孩子，身材又比較矮小的話，很容易被霸凌。第一他要洗全校所有的廁所，第二他的室友教他運動和舉重，運動就一定要很有紀律，生活也要很有紀律。他在念書的時候，一共跳級了兩年，成績都是A。他對桌球有很大

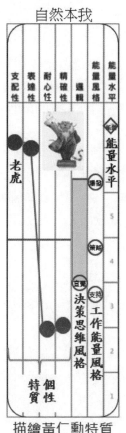

描繪黃仁勳特質

的熱情。在美國時，他為了參加桌球競賽，每天晚上都在練習桌球，甚至睡在競賽的場地，他對競賽的熱情、決心和意志力在 9 歲就顯現出來，還被桌球場館長的負責人發現，通報讓媒體知道，才9歲就看到他的特色。

大學的時候，他的同班同學Lori比他大兩歲，他開始追求她，一起做功課，求婚時還跟老婆說：我30歲就一定會成為CEO。我們可以看到他從小念書的時候，個性的原型就是要競賽，對他喜愛的東西非常專注，有高度的決心，事實上他30歲也當上了CEO。他老虎個性占個性中的50%，是第一個關鍵；另外要提到桌球，桌球是動態的，我們也知道他很喜歡動態的、快速競賽的東西，所以由此可知，他最低的指標就是耐心性，占其中的20%。這是為什麼他喜歡在動態之間來去運作，表示他是急性子的動作派，這也是他第二個優勢。

在美國這種大的社會，白人較優勢的社會，東方小孩趨向害羞，黃仁勳的原型是由老虎領軍，而且是第一高，在沒有把握會贏的地方，會保持安靜，會顯得害羞主要是來自於這個原因。

我們再看他有把握會贏的部分，他的**表達力**就非常豐富，善於表達。所以他在學校念電機，書念得不錯，大學畢業，他會再去深造──從史丹佛大學念到碩士，可見他對自己有把握的題目，非常能言善道，精於表達。當他大學畢業，第一份工作，跟他的兩個同事非常要好，後來在將近30歲成立了公司，一共三個

創辦人，他就是公司共同創辦人，唯一兼任CEO。他在創業的時候還沒有滿30歲，20幾歲的第一個工作，就是工程，因為電機工程研發，且他都要在戰場上去銷售業務，因此在銷售面也是最強的，等於是研發與銷售兩項領域都要很強，如要銷售，他就一定要向客戶表達他的產品為什麼好、優點在哪裡，最重要的是在表達以前先傾聽、了解客人的需求。而他一出來工作，這兩項能力就非常棒。

黃仁勳與兩位同事，都是他很好的朋友，一起創業，在加州科技領域創業，如果錢不夠的話有創投可以去募資。他們三個創業的頭六個月，一天到晚在聊天，還不曉得要做什麼，還抓不到方向，這也是他的特色。爾後在繪圖晶片領域發展，繪圖本身非常有前瞻性，在做繪圖晶片廠時，對象都是電腦廠商，而電腦遊戲是面對大眾、消費性質的，當他後來在人工智慧技術領域取得成功時，他說「I am AI」，乃說明他在電腦晶片領域有很強的實力。

1993年生日前三個月，他在加州成立的公司英文名字叫Nvidia，在台灣中文名字叫輝達，在大陸叫英偉達，有兩個中文名稱。剛開始創業，沒多久就申請拿到很多錢，日本一家叫世嘉（SEGA）的大客戶給他700萬美金，是一筆很大的訂單，讓他開發電腦遊戲設備。而他那時候第一個挫敗，也是他一開始創業Nvidia的頭一個階段，因為沒有經驗，預算沒辦法控制，造成開發的時間跟收入時間有很大的距離，所以不得不從100人的員工

中，裁員70%。從一開始的挫折，再到後來的公司，起起伏伏好不容易爬到頂尖了，在2002年又跌落下來，對他來說，經歷過很多次的磨練。

他的同行競爭者Intel、AMD、微軟，都是公司資金很龐大，他等於是小米老鼠，因此他要聚焦在繪圖晶片GPU，也是他最強的部分，我們看繪圖視覺，除了技術面，視覺面也要非常強，而且快速度乃是他的優勢，孔雀特質也運用到極大，他做的是硬體行業，這乃是老虎掌舵的硬體行業，既是快速度，又是開拓型，都具有前瞻性，直覺特質強，由於市場千變萬變，所以發展都是快速度，在不同的競爭之下，所有同行都很厲害。像他在做第二個系列的時候，他的同行有蘋果，還有高端，高品質的市場由高端占領，中階市場就是聯發科，雖然聯發科是中下價格、低價格，但是市場全部是大陸，這是他面臨的挑戰，而他的優勢、公司的優勢、GPU的優勢，如圖像晶片，他投入極高專注力，他看似是創始人，其實他不是，但他是最專注的，同行沒有人比他更專心在這一領域，加上快速度，以及做GPU整個公司投資很多叫CUDA的技術（一種軟硬體整合技術），因為加入了產品差異化，當時想的是不錯，可以增加計算，就變成做五番混戰，五番混戰：Intel，AMD，微軟，英偉達，還有ATI這幾家公司比賽來比賽去，大家都很凶悍，都是老虎。老虎有的時候很容易不認輸，所以變成混戰，所有人都打在一起，有時候會很容易迷失方向，最壞情況是他也被套牢，再加入手機，手機市場更大，這才發覺他基本上沒有競爭優勢，雖然他的營業額很大，但

比較高階的市場都被高端拿走了，中下階市場又被聯發科拿去了，他沒有任何優勢，於是他連續好多年挫敗，他花了好多年的時間，在這區塊投資，終於發覺他沒有競爭的優勢，在這裡陪大家玩一點意義都沒有，他很有魄力的、果斷的退出手機市場。

原來他的公司規模是英特爾的七分之一，當他會多方計算，又有GPU的時候，他的快速可以做Capacity的很大數量，他的公司規模已經成長為英特爾的7倍了，原來是米老鼠對大象，後來已經變成大象的7倍——英特爾的7倍。另外，他加入CUDA這個產品，這個計算率又需投資很多，等於是巨大的賭博投資，並且跟蘋果競爭起來了，他發覺這整個市場，如同剛剛所說的CUDA，就是加速計算，是神經網路的AI生成面，可以通往未來，在學術界又叫百變金剛。

由於他重新定位了人工智慧，在AI人工智慧第一個就是GPU，這部分貢獻卓著，所以特斯拉的無人駕駛、自動開車，就是他最大的客人；在第二個階段，OpenAI也進來了，這大大的幫助了他，他已經達到AI市場的95%，他在手機市場投資虧損了很多年，於是他完全退出，決定要找出公司獨特的地方，最後他採取另外一條路線，打造全球電腦模型、科技的零售製造，醫療照護，護理方面的照護、運輸物流，以及打造生態系統，一切都難以想像，非常快速的從頭再來一次，別人認為不可能做到的，他說他運氣好，事實上也是，時勢造英雄，沒想到他在人工AI產業，把這整個平台都打開了，地基很大很大，所以他在這一塊

扎根，就是他正確的定位，而且極具前瞻性。

　　有一部作品《小王子》說，你想活出什麼樣的人生，想讓夢想成真，你的定位非常重要，而且你要很有Passion，非常熱愛你所做的，這是非常非常必須的。我們剛才也說到，他的優勢在這個行業，因為本身就是電機系出身，一直在電機和銷售這類快速度領域，剛好都是他第一優勢和第二優勢，加上他敢冒險，都做前瞻性的東西，貓頭鷹型在最低的耐心性上面一點，但還是偏低，所以他很敢冒險，不斷的創新，這是老虎的特質，他的貓頭鷹指數在中線下面，所以是更大的突破，又前瞻又敢冒險；另外他的孔雀指標是第二高，所以對他有把握的事情還有業務的優勢，大學一畢業就在做業務，工程跟業務，他的表達力就突顯出來了。

　　他的公司在一直上升的時候，發生一次很大的危機，就是2002年，發現他的員工**內線交易**，在美國，尤其在創投，內線交易是蠻嚴重的情況，他的全部股票一下變成「信任危機」，整個就跌下去了，且下跌得非常嚴重，**由110億的市場價值，降到只剩10億，不到原來的10%**。可以看到他的挫敗，在科技業起起伏伏也是他的挑戰，還好他是越挫越勇，而且不會因為這次挫敗就放棄他的Passion和意志力，以及他做這個行業的承諾，就像他對他老婆說：我30歲要做CEO。一直到去年2023年，他是美國這種大公司在位最久的CEO，做30年兼創辦人，原來還有兩位合夥人，也就是原來的同事，在他30歲之前一起創業，所以，**他是共**

同創辦人，CEO做了30年，這是他最大的特色。另一個特色，他在帶領員工的時候採取組織扁平化，直接帶領底下的人，一共50位，他常常在作業的現場，孔雀指標很高，他常去現場走動管理，走動管理力很強。

若以PDP來勾勒他的領導特質，第一優勢是老虎特質最高，第二優勢就是「速度快」，孔雀特質也蠻高的，透過這兩個特色，所有的問題他會立刻看到、立刻解決，他不會紙上談兵，只給一道命令，底下根本都脫鉤了還不曉得。他是走動式管理，在生產線上也看，開會的時候溝通也很有效，因為一次會議就是50個人參加，他直接帶領著50個人，這是扁平化的優勢，當然也有一個缺點，就是產品線太多；他有三個研發團隊負責研發，產品線很多，沒有聚焦，因此他栽了一個跟頭，產品線過多，這個也讓他學到了，所以他不只繪圖晶片，透過一些繪圖專業的，他就能夠追加速度，祕密的成立CUDA（一種軟硬體整合技術）。後來他退出手機市場，重新定位CUDA——這祕密武器，就是完全專注在人工智慧，這個市場就是自動駕駛，用他的繪圖，搭配快速度，產生全新的GPU，一推出，在市場上就打敗所有的競爭者，因為**他的獨特性完全顯露**。我們剛剛所談的，全部是他的個性面。

現在補充一點，要提到時報文化出版的《輝達黃仁勳：人工智慧晶片的成吉思汗》，看到他成功的第一項功課——欲望與野心，在PDP裡面談的，就是他的能量水準，能量水準牽涉到他的

意志力 （Determination）和他對自我的要求，我認為他的能量在7，水準在7，也就是人口頂尖的2%，而且他要做自己，不要做別人，他很敢做自己，也是為什麼他30歲就創業。

而他的人生目標，在第一個階段是先實現自己的潛能，第二個階段則是動員扁平化，要動員員工的潛能，讓員工也參與開發，讓公司整體能持續成長；第二個階段40歲，第一個階段30歲，他的50歲呢？就是確認輝達能夠提升人類的生活，他盡力做到最好──Do Your Best，他的完美是Do Your Best，不是我們所謂的完美主義，這是完全兩回事。當你全心全意的做，又一個十年，等於他50歲邁向60歲這個十年，他希望已經完成了成為CEO 30年，他希望未來的60歲到70歲仍不停止，也就是能夠再做30年的CEO，剩下的他會透過機器人的形式來繼續工作。

美國前五百大企業排行榜，一般人60歲不到就從CEO退休，專做公司的創辦人，找來專業經理人或是公司擁有者，舉個例子，像微軟、比爾蓋茨，還有亞馬遜；但對黃仁勳來說，他認為：我做到90歲還是可以做，我還可以叫機器人來做，所以他的決心 （Determination）不是只有30年，而是再30年，等於足足60年的CEO──他要創人類的記錄，這就是老虎型最喜歡的。

他的第二項功課──不斷的學習，在工作中也是學習，第三項功課──勤於動腦，他非常創新，不斷的動腦對他來說很重要，他透過穿衣定調自己的人物設定，舉個例子：人要衣裝，佛

要金裝，大家耳熟能詳的一句話，最有名的代表是賈伯斯，還有FB的創辦人祖克柏，黃仁勳從電影《駭客任務》裡面找到他的靈感，這是為什麼他穿黑皮衣。

第四項功課——看見未來的趨勢，就像他看到AI人工智慧，默默的往這一領域快速度全力以赴，願意捨得手機市場，徹底退出，他對未來的趨勢，這段時間他還變成貓頭鷹最低，也就是更宏觀，看到更多的趨勢，願意嘗試獨特的、跟別人完全不一樣的，因為他看到人工智慧晶片的趨勢就全力以赴。

他的第五項功課——遠離負面的人與事，這非常重要。他善用歷史人物，他在美國那麼久，仍**勤於學習**，像唐太宗、漢武帝、清朝康熙，都是正當盛世，成功久了就會傲慢，傲慢以後，就會做出很多負面的決定。所以他說公司的執行長CEO不能過分的傲慢，就像AMD，原來跟輝達的差距不大，但AMD到處買下不同的公司，把公司的現金幾乎都用完了，後來和輝達距離一大步。

也是因為在AI這個世代非常成功，他更勤於讀書，他發現最成功的人，摔跤往往是來自過分的傲慢。第六項功課——勇於冒險，這是他的貓頭鷹指數最低的角色調整，需要自手機市場撤退的時候，就變成他最低的指標，最低的指標乃定位勇於冒險，專注在定位，做獨特的，不跟別人一樣，也不要跟別人做沒有意義的競爭，這是他勇於冒險最重要的一環，這是他第六項的優勢。

第七項功課——優勢為努力不懈，不管再怎麼成功，都持續努力，他有努力養成這個全力以赴的好習慣，他專注在工作，感覺他是個工作狂，但他每天至少運動一個小時，每天會跟家人一起吃飯，對他來說，因為他做的是他所愛的，沒有感覺到像工作，只要覺得真的累了，他就去睡覺，他努力不懈，這是一個具體案例。第八項功課——**誠信正直**，這點其實最重要，因為在科技領域，有的時候要出很多花招，但這邊是說誠實（Honesty），誠信正直（Integrity），對他來說非常非常重要，所以他把公司的商標Nvidia刺青在他的手臂上，雖然非常痛，卻顯現對他最愛的事業的一個全心承諾（Commitment）。

第九項功課——面對挫折，很多人雖然成功，但是不敢面對挫折，對黃仁勳來說，他像邱吉爾一樣，他能夠面對挫折，他有過好幾次失敗，第一次失敗是1995年推出的晶片與微軟系統不相容、無法打進主流市場，1996年公司面臨裁員倒閉困境，不管再怎麼樣失敗挫敗，他研發的技術水準不斷提升，越挫越勇，他要活下去，公司一定要活下去的，意志力和決心（Determination）是他最強的部分。第十項——堅持紀律，紀律也是很重要的，我記得我以前在做另外一個品牌，創辦人兼Chairman說：「如果你沒有紀律，你什麼都沒有，即一無所有！」（Without discipline, you will have nothing），紀律是非常重要的，有統計指出有毅力又有紀律的贏者，占16%。

❷ 請問Marie老師，我們今天如何探討黃仁勳的內在領導力？

　　前面所說都是從心理科學PDP的角度，因為我在這專業領域，今年耕耘超過33年，我自己有30幾萬的資料庫，根據我所輔導的整個大中華的教學案例，共有100多萬，今天使用的是我的生命教練，到現在已上了28年，即使成為生命教練仍繼續學習到現在。我從18歲到現在，研究了56年的傳記，專門看古今中外、各行各業的頂尖人物，我比較不是從職業角色，而是對他的天賦優勢和他生命的挑戰、他跨越了些什麼，了解他整個人生。我對黃仁勳的描繪從他的事業、自我身分的認同來看，這兩者是他這一生的挑戰。

　　在他小的時候，爸爸是美國開利冷氣這家很有名的公司的化工技術人員，可能已經升到管理職，開利讓全球的管理職來到美國受訓，他爸爸因此在美國，看到當地發展那麼先進，他爸爸就夢想著希望能夠在最短時間內，讓小孩都可以移民到美國學習受訓。可是第一個機會爸爸是派到泰國，黃仁勳

生命教練-八大挑戰

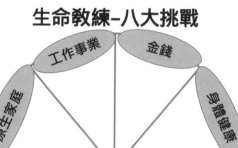

生命教練圖：出自克里斯多福‧孟

從5歲開始就像外交官的小孩，隔幾年就要離開熟悉的地方。幼稚園到泰國，後來爸爸看泰國的政治局勢實在不穩定，剛好他們的舅舅，也是爸爸的親戚在美國，於是在黃仁勳9歲的時候和哥哥被安排到美國念書，爸爸媽媽隔幾年後才到了美國。我們看到他9歲的時候到了舅舅那邊，因為生活不是很寬裕，就讓他和他哥哥就讀宗教寄宿學校（Boarding School），因為很便宜，但這所宗教學校的定位是為問題青少年所設置，黃仁勳只有9歲，他

的室友比他大8歲，17歲又是黑幫分子，剛剛才出獄，一身有7個刀疤，可是卻變成他一生最好的朋友。黃仁勳在學校裡算是最年幼的，所以整個宿舍的廁所規定由他來清洗，9歲的華人小男孩剛到美國，當地基本上是白人社會，除了心理上的霸凌，還將這些沒有人願意做事情發派給他；當然還是有好處，他得到好的機緣，結識了一個17歲一身刀疤的室友，兩人成為好朋友，他練了健身舉重，維持身體健康，他也參加乒乓球隊在全美的巡迴賽，乒乓球是他非常喜愛的運動，那是動態的、立即的反應訓練，所以他勤奮練習，連乒乓球的館長都注意到他的成績全是A，把這件事分享給媒體並公布了出來。他在巡迴賽事中得到了季軍，在在顯示他擅長做他熱愛的事物，開發「我是誰」（Who I Am）。還不到10歲，已經因為種種的生命挑戰而進入這一領域；另外，透過這位比他大8歲、全身刀疤的室友，教他怎麼舉重，由此建立運動的良好習慣，讓他一生受益。運動員強調紀律，他擁有健康的身體、肌肉，就不怕在美國白人的社會被霸凌。尤其一般黑人或黃人的男性，比較容易被高大的白種人霸凌，所以這是一個蠻重要的生命的經驗。此外還要談談他的內功，一些很重要且很早出現的特質，讓他重複使用到現在。

他一直專注於讓自己的成績保持在A等，念書的時代，成績是A才能夠顯現出自己的重要性，他為了展現黃種人在白人社會的優勢，他每學期的成績都是A，包含乒乓球比賽的成績也不例外，又在全美巡迴賽中得到季軍，這些都是努力在證明「我是誰」（Who I Am）。他在大學的時候，跟大他兩歲的女朋友，

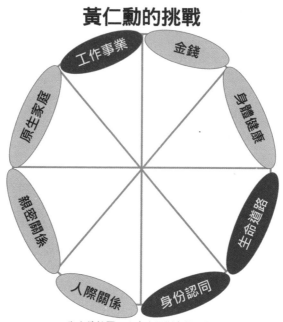

黃仁勳的挑戰

工作事業
金錢
原生家庭
身體健康
親密關係
生命道路
人際關係
身份認同

生命教練圖：出自克里斯多福·孟

也就是他現在的老婆說，將來他們結婚的時候，等他30歲，他一定要成為在美國的CEO。他太太在訂婚的時候，還不曉得為什麼會有這個承諾，但是她又愛他，於是沒有深入去問。

我們看黃仁勳1961年2月17日出生，在30歲生日之前一、兩個月，和他共事八年的三個工程師同事非常要好，他們勸黃仁勳出來創業，在Denny's這間美國蠻有名的連鎖餐廳決定要創業，

在矽谷成立公司——在台灣叫輝達，在大陸叫英偉達。如今他成為Silicon Valley，可算是Top 500最久的CEO，已經61歲了，是在任最久的CEO，足足有30年。這裡可看見他的兩個內功：一是才十幾歲的時候，就對太太表示將來30歲，一定要成為美國的CEO；二是他非常重承諾，透過良好的紀律，養成健康的身體，生活規律，這都是很重要的內功。

這個在行為科學的方法，心理科學是沒有辦法看出來的，他在Podcast「Acquired」訪談裡說到，如果今天叫他再來創業，他不想要，因為創業非常非常辛苦，雖然他已經創業30年多，但在這過程中，他有過三次的失敗，在矽谷失敗最可怕，公司每次股價一掉下來，彷彿從懸崖掉下來一樣。剛創業時，第一年他只有4萬多美金，公司雖然已經發展到100個人，但成品交不出來，研發的成本沒有算好，和行銷市場有距離，所以第一年就資遣了70多位，這是他第一次付的學費。三次的慘烈失敗，所以他跟年輕人說能夠不創業就不創業，尤其是科技行業，資本額非常龐大，風險也是非常高，所以幾乎所有的時間都花在工作上，但他自己有個很好的習慣，就是每天會跟家人一起吃晚餐，吃完晚餐以後再繼續工作，直到累得不得了、身體受不了了才去睡覺。超過30年維持這樣的紀律，所以對一般人而言，他不建議年輕人去創業，如果要他重來，他不敢想像，怎麼會選上這個——有點像任正非一樣，上了賊船，其中經歷的起起伏伏，過程就略過不談了。

他投資了手機，該領域老虎型對老虎型，互相競賽、比來比去，為競爭而競爭很容易迷失，因此投資了很多錢，他就想：不能再跟別人為競爭而競爭，於是狠下心不再做手機，做很冷門的CUDA，而這個CUDA，雖然所有的股東都反對，但他還是大力投資，那時還沒辦法看到可以產生任何盈利，經過了10年的投資，CUDA這個技術被一個學者應用在AI的計算，瞬間就讓他們擁有舞台，讓他們取得香噴噴的暴利，隨後又遇到了OpenAI，後來的ChatGPT，超級電腦，超級的速度，而且因為這樣成為AI的贏家，他共沉澱了10年，他很篤定，一個是扔掉了手機的投資，轉投資做冷門的CUDA，因為它非常獨特，他認為，要創建屬於自己的生命道

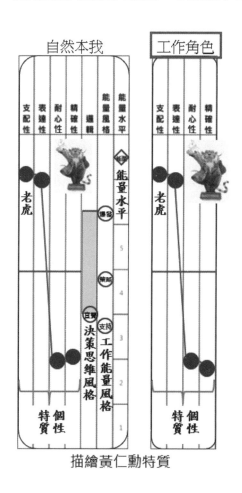

描繪黃仁勳特質

路，無論是生命的道路或事業的道路，都不再重複走別人走過的路，也不是為競爭而競爭，而是自我獨特的一條路，即使公司的目的不在賺錢，創建公司的目的就是要創造與眾不同，這點跟賈伯斯一樣，一直追求著與眾不同和個人獨特性，他如果能夠創造獨特的不同，利潤自然就會來。我們說到2004年到2014年，一共花了10年的沉澱時間，他經得起這樣子的考驗，直到時機成熟的時候，在2016年到2022年，他變成全球舞台的焦點，蔚為風潮，賺很多錢，這是老虎型的挑戰，不跟別人競爭，敢走自己的路，所以我說他的耐心性跟他的精確性貓頭鷹差不多，幾乎是同樣的低，他可以完全放下舊的包袱，走向獨特的這一條路。所以對他來說，堅持獨特這一塊，經過他的決心而願意冒這個風險，走了十幾年，從2004年到2014年，轉機開始，到2022年才大賺一筆，最主要就是靠他的獨特性價值。

另外在形象方面，因為賈伯斯的穿著就是ISSEY MIYAKE（三宅一生）設計的高領黑色上衣，黃仁勳的穿衣招牌風格則是黑色的皮衣，他在大眾面前塑造了一個矽谷猛男，這也是類似電影《駭客任務》裡的猛男形象。此外，他專注於為這個形象——等於為公司的品牌，創造一個好記的形象，就是黑色皮衣，一年四季都穿，穿了十幾年，雖然像Amazon貝佐斯、Xspace創辦人馬斯克都有穿過，但是沒有像黃仁勳配合穿搭十幾年，變成一種個人商標。他還把公司品牌Nvidia刺青在他的手臂上，不管穿皮衣或是刺青，這是他做這份事業篤定的承諾，還有事業上的招牌菜，他為公司所努力生活化的Total Look，是他在為生命的道

黃仁勳的挑戰

工作事業　金錢　身體健康　生命道路　身份認同　人際關係　知識學習　原生家庭

生命教練圖：出自克里斯多福‧孟

路、事業的道路，還有Who I Am而實踐，幾乎將生活跟自我合併在一起。

再看他年輕時，剛開始賺錢就很喜歡賽車，追求速度感，所以他的個性特質能看出他的耐心性最低，他後來也敢追求獨特性，因為他在做事的時候，他的研發工程跟市場銷售兩個領域都很強，他當合夥人，另外兩個研發工程師也服他，他們是共同創

辦人，黃仁勳是董事長，接著他一直擔任CEO決策人，他的速度感在AI運用上，等於是十幾年前就展露了獨特性的價值，以及快速度。他還有一個「**老黃定律**」，可以打破英特爾的摩爾定律，他每6個月就會推出一個快速度的、新的東西，他因為耐心性最低而帶來的快速度，超越了英特爾摩爾定律的3倍，每6個月就有所產出，這也是為什麼他有三條線的研發團隊。

而他在失敗的時候也有三起三落，在61歲前已失敗了三次。因為公司內部員工內線交易，股票一跌跌得很厲害，他那時候的股價只剩原來的十分之一，其中有一個非常大的信用危機，關於信任的挑戰，在他面對失敗的時候，他能夠越挫越勇，他說：「我渴望活下去的欲望，超過我的競爭者要殺死我的意志（Determination）」，因此我們看到他在《輝達黃仁勳》的這本傳記中強調，書裡面介紹了他的十大成功歸納，他非常好學、勤學，9歲去到美國寄宿學校，孔子、《論語》、孟子以前通通都沒有上過，這些創造當時朝代的黃金輝煌歷史的偉人故事，裡面也有些人因為過分的成功而傲慢、好大喜功，包括想要征服高麗等等，做一些沒有意義的事，他因為勤學好讀書，知道了這些故事，就以此作為他的警惕，並將之內化。原先雖然對中國文化完全陌生，透過學習也將三個中國文化經典朝代的領導人，變成自己的標竿——一個是唐太宗，一個是漢武帝，一個是清朝的康熙皇帝，這三位都是非常賢明的君主，在他們當權的時代，成功不會變成傲慢和好大喜功，這些典範讓他能夠在創業30年以上，即使經過三起三落這麼嚴重的打擊，現在仍是全世界六大傑出企業

的其中之一。藉由給自己的警覺、內化的紀律、重承諾，他創造非凡。從他10幾歲開始到現在60幾歲，他與老婆兩人是大學時代的戀人，結婚到現在生育了一男一女，都讓孩子自由發揮，一個是做飯店業，一個回台灣開酒吧，現在兩人都加入黃仁勳的事業，一個做營運經理，另外一個嘗試不同的事業，黃仁勳讓他們自由做最後的選擇，這是最重要的一點：他重承諾、好學、重紀律，注意自己給自己警鐘、給自己鏡子，不讓自己因為成功而忘了Who I Am。

黃仁勳的挑戰

生命教練圖：出自克里斯多福‧孟

戰爭與和平：
主宰世界大勢發展的領袖們

可掃QR Code 開啟YouTube影片一起閱覽
Marie老師主講日期：2024年5月30日

❶ Marie曼琳老師，請和我們談談當今主宰戰爭和平及世界發展的領袖們？

我們現在談論世界發展的領袖們，當然第一個先談當今世界最強、最大的國家，不管在政治、經濟和軍事，第一名的國家是從美國講起，美國現任的總統是拜登，拜登一當選總統，在很短的時間內就經歷阿富汗撤軍，灰頭土臉，大家都記得，越戰也是

拜登的挑戰

生命教練圖：出自克里斯多福‧孟

美國率先從越南退出，阿富汗撤軍也是，阿富汗撤軍的時候，好多人從飛機上掉了下來，這一幕大家記憶猶新。此外還有另一個現實面，拜登每次演講說了什麼，川普都會批評，導致拜登的壓力很大，他忘了他在競選美國總統時的承諾，他的核心精神應該是要重建美國的價值，也就是指恢復林肯的精神——民主的言論自由，自由民主是林肯最重要精神，但現在，美國的核心精神和價值卻看不見了。

　　為什麼這麼說？首先，現在全世界有兩個主要戰場，一個是俄烏戰爭，一個是以巴戰爭。以巴戰爭還掀起了美國內部的學運——「反以巴戰爭」，參加運動的都是全美最好學校的學生，學運風潮甚至擴及到全世界，歐洲的名校也都發生了學運，美國形同內也亂、外也亂，可說是分身乏術。

梅克爾的領導特質
老虎型

主動積極，具前瞻性、
果斷、有魄力。

在此事件開始以前，德國那時候快要卸任的總理梅克爾夫人（中國稱默克爾），她去向烏克蘭總統澤倫斯基說，你不要想著加入北約，你最好放棄這點子。我們知道同樣是領導人，梅克爾領導了德國16年，歐盟在她的領導之下，帶領歐元崛起，與美金抗衡成為全世界兩大貨幣之一。

因為梅克爾是老虎型，她的個性非常主動積極，具有前瞻性，由於她是個科學家，曾學習物理學和化學，有化工的博士背景，東柏林出身，所以她的表情舉止各方面，長期下來都非常的穩健，當她領導整個歐盟的時候，德國的經濟一直是歐洲第一。

她本身也去了中國很多次，她這種老虎型的行為特質主動、果斷、有魄力，她會俄文，也會德文，英文講得非常好。她對澤倫斯基說，請他放棄要加入北約的想法，結果澤倫斯基不理會，剛好拜登鼓勵他，北約的祕書長跟他說：我們可能考慮讓烏克蘭加入北約。就像美國總統甘迺迪時期的古巴危機，古巴已經威脅到美國門口，蘇聯最高領導人赫魯雪夫也是老虎型特質，甘迺迪總統也是老虎型，他最有名的一句話是：不要問國家為你們做了什麼，要問你們為國家了做什麼！他很有前瞻性，是開拓性的老虎型，敢誇口未來多少年我們就要上月球，這就是甘迺迪，所以美國人都相信他不會讓別人進入美國的門口。

這次烏克蘭想要加入北約，等於讓北約進入俄羅斯的門口，惹怒了俄羅斯總統普丁，普丁又是一個大老虎型特質，深謀遠略

普丁的領導特質
老虎型

有謀有略、宏觀的、鬥志高昂、主動出擊、果斷、高行動力。

的老虎型，戰略性是宏觀的，鬥志也高昂，基本上他是主動出擊的類型，不可能被動讓別人來攻打他，所以在2022年2月，他開啟了俄烏戰爭，梅克爾的勸告完全徒勞無功。普丁因為是老虎型，敢豁出去，高果斷力、高行動力，又是全世界第二大核能軍事國，他喝止了北約和美國：你們膽敢進入這個戰場，我就會用我的核武來對付你們！核武、導彈這些威脅都拿了出來，導致所有國家都不敢輕舉妄動。

兩年多來的俄烏戰爭，歐洲經濟和人民的生活都受到牽累，烏克蘭需要很多軍事援助，當各國發現這場戰爭無法預料會打多久，他們也懼怕俄羅斯越打越久，不肯消停，到時候將演變成每個人的危機，其他國家都害怕被俄羅斯各個擊破，所以紛紛加入北約尋求庇護，北歐的瑞典、芬蘭和丹麥通通都加入，瑞士也加入了。

2021年拜登一上任總統主政，讓全世界戰爭愈演愈烈，還真不巧，拜登總統本來還有勝算，他原本希望重建美國，結果因為阿富汗撤軍一事灰頭土臉，美國的立場太難堪，雖然在川普時代已經陸續在撤兵，但還沒有完全撤離，而拜登任內的最後撤軍讓場面真的很難看。

　　拜登忘了他原來選舉時承諾的核心價值，他原來的精神是要讓老百姓生活得更好，恢復林肯精神，但他忘了美國的核心價值，變成一味追求打勝仗，認為這樣剛好可以弱化俄羅斯，拜登又採用經濟制裁，結果兩年下來卻沒有像他預料的效果那麼好。

　　此時又冒出第二個戰場──以巴戰爭，我們知道以巴戰爭原來是哈瑪斯挑戰以色列，結果以色列現任領導人納坦雅胡，由於他本來就身陷爭議了，老百姓要他下台，他剛好藉由這場戰爭昂起鬥志。

　　納坦雅胡又是一個戰鬥型的老虎型，他要什麼就必須得到，他想藉這個機會把巴勒斯坦哈瑪斯全都消滅，對他而言，只要掌握政權、軍權，他就一定要打下去，所以他這隻老虎說什麼都要我贏你輸，一定要成為最終勝利者。

　　老虎有兩種，一種具有很寬廣的格局，像美國建國之父華盛頓，他當了總統，建立憲法，擔任了兩屆就從總統大位上退下來了，這是老虎的典範，讓大家都贏。然而納塔雅胡則是另一種老

納坦雅胡的領導特質
老虎型

戰鬥性強、我贏你輸。

虎，拜登在開戰前三個禮拜想說服他放棄，都未能成功，美國國內發生好多學運，由美國頂尖的長春藤名校發起，從去年至今已經6個多月了，包含哈佛大學、哥倫比亞大學都參與其中。哥大在越戰時學生運動最為聞名，為什麼如今又學運四起，因為年輕人10幾歲20幾歲是人性年齡最充滿理想的階段，他們認為對美國而言，言論自由是美國的立國精神，學生和平地為巴勒斯坦的伸張人權，訴求戰爭不要打成這樣子，好像要將對方消滅到底，非常殘酷，但和平的主張卻被警察以暴力制止，所以美國內部也產生很大的反彈。

拜登原來在是參議院的「喬王」，負責在參議院裡協調大家，後來擔任歐巴馬的副總統8年，也是負責外交大任，講美國憲法，在談判協調這部分很在行，他是變色龍整合型，兼孔雀型和無尾熊型特質，在人際協調方面非常強而有力，他這種型的人

不是率兵打仗的，整合型變色龍型最強的就是像季辛吉、老布希，還有吉米卡特總統，以及中國的周恩來總理，都是整合型裡面有名的領袖人物。

川普則屬於大開大闔的老虎型，而且老虎的特性非常強烈，什麼是老虎特性很強烈？就是果斷、戰鬥力很強、表達力很強、說服力很強。他還沒有當總統前，做過一檔非常熱門的「找接班人」電視節目十年之久，知名橋段是在節目中對大眾說

拜登的領導特質
變色龍型（整合型）

談判協調性強、團體潤滑劑、喬王、最難決定優先次序的大方向。

出：「You're fired.」（你被開除了）當他選上總統，有了政權和軍權，很會分化與各個擊破，川普時代又搞了一齣中美貿易戰，可以說川普很有方向感，他認為中國正在崛起，美國的老大位置可不能讓這個老二搶走。

拜登自從阿富汗撤軍，狼狽不堪，又受到川普的激怒，他居然來一個「川規拜隨」——川普抓方向，他來追隨。該如何整

合，他展現出變色龍型的特質，整合英國、法國、德國等歐盟國家、北歐的國家，還有亞洲，包含韓國、日本、菲律賓，還有澳洲都納進來，使用整合力玩群戰、打群架，雖然看似整合有成，可是他忘了當初競選的承諾——重建美國的核心價值。

這次的反戰學運挑戰美國真正的核心價值：立國精神、言論自由、人權，這些通通都被拜登否定了，變成像川普一樣大玩金錢資本家的遊戲，完全是金錢分化，本身的核心價值看不到，只要美國優先、我贏你輸，一切都無所謂。

川普的領導特質 老虎型

主動積極、具前瞻性、大開大闔、果斷、戰鬥力強、表達力強、很會分化與各個擊破、很有方向感、執行力強。

現在的局勢與一般老百姓希望安居樂業的期待落差很大，每天看到全世界的發展都充滿戰爭的不安與挑戰，拜登身為領導人，美國仍位處世界第一的領導地位，領導人應該要動員他的組織團隊，結果他卻是採用蘇利文政策，把美國格局做小了。

石齊平在節目裡剛好談到這個話題，美國有兩位國際級戰略大師，一個是季辛吉，談到中美俄三角關係，美國明明不能夠讓中國和俄羅斯聯合起來，將會對美國形成威脅，結果沒想到俄烏戰爭把俄羅斯直接推向了中國，讓兩國結合得更完整；另外，美國還有一位受卡特總統重用的策略大師，即是專精地緣政治的布勒津斯基，他在著作《大棋盤》中提到中國、俄羅斯和伊朗這三個國家絕不能夠聯合在一起，如果聯合在一起，對美國將是一個夢魘。

　　歐洲受到俄烏戰爭的影響，第一，美國試圖想趁勢弱化俄羅斯，拜登又動用了北約之力，北約的主人、最大的主宰者就是美國；第二，在此之前兩年，2022年2月，普丁還沒有攻打烏克蘭的時候，法國總統馬克宏就曾說「北約腦袋已經死了，沒有看到任何的功能」，他直接的挑戰北約。那時梅克爾將要卸任，接任梅克爾總理的新任總理蕭茲，領導力相對很弱。馬克宏這次5月初訪問中國，主要目標還是經濟上的投資，俄烏戰爭讓德國和歐洲很多的產業遷移到美國去了。

　　同樣是歐洲，梅克爾在卸任以前也碰到挑戰，歐洲各國反對移民進入，梅克爾出身東柏林，她擔任總理領導人是最有權力的，既有政權，又有軍事權力，甚至還有經濟權力，她如何運用這些權利實現理想？她根據德國的憲法，允許這些移民進來，一方面讓他們不會流離失所，在人權方面幫助移民，另外一方面也幫助德國自己，銀髮族群需要外來的勞工幫忙，兩年之後，這些

移民所交的稅對德國是有幫助的。我們看到領導人如果有夠大的格局，能夠把國家的核心價值及精神發揮出來，又能夠讓經濟有所發展，讓這些移民有一個去處，自己國家本身的經濟也可以更蓬勃發展，這才是一個領導人的典範。

我們知道1965年新加坡獨立，李光耀擔任第一任新加坡總理，他在短時間做了兩件非常重要的事情，第一件事是因為馬來西亞、印尼比新加坡大很多，新加坡國土非常小，新加坡的國歌是用馬來文唱的，他對於國歌很務實，不會有過多意識形態；第二件事，當時新加坡人口華人幾乎占了90%，現在新加坡總人口有五、六百萬，華人占74%，馬來人占13%，印度人占9%，我常常去新加坡，看到那裡各種種族融合，因此李光耀宣布英語為他們的官方語言。

李光耀的領導特質 老虎型

主動積極、具前瞻性與洞見、
富有內在智慧、務實、
無意識形態。

我1977年第一次去新加坡，從瑞士的日內瓦飛到新加坡，在那裡待了3天，新加坡那時候的全部年輕一代的移民官，通通都講華語，且講得非常好，這是李光耀老虎型領袖的洞見。同樣在新加坡這麼小的一個地方，中間經過另外一位總理，再下一任是李顯龍，李顯龍領導新加坡二十年，李顯龍治理下的新加坡，在財經雜誌《全球金融》（Global Finance）公布2023年最富裕國家排行，新加坡名列第三，與第一、二名的愛爾蘭和盧森堡只差一點。

　　我記得去年8月份去了一趟新加坡，真正看到安居樂業，李顯龍屬於和平典範的領導人（在國家治理上是關懷的愛，其父李光耀乃嚴肅的愛），他整合東南亞政治經濟，尤其經濟的結合。在政治上，新加坡像東南亞的發言人，他說我們不會只親美國，也不會只親中國，我們不會讓美國和中國逼我們選邊站。他在政治外交和經濟發展非常有洞見，而且是和平的。這也是為什麼很多和平談判地點會選擇在新加坡，這個地方就是一個民族融合和無意識形態的國家，屬於和平的代表。

　　李顯龍從政20年，雖然是李光耀的兒子，終於等到他執政了，他敢做自己。首先，他敢在新加坡開賭場，儘管爸爸不贊成，但他富有開拓性、敢做獨特的事，也很有智慧。他想，新加坡這麼小，要怎麼兼顧經濟發展，又可以創造讓人感興趣的、開創嶄新獨立的未來？結果他就開了一個賭場。新加坡人進賭場要付入場費，但所有的觀光客不用付錢，至今賭場為新加坡帶動很

多經濟上的繁榮。

他的領導風格是無尾熊型特質，占總人口大概20%，注重和平和諧，他的貓頭鷹型精確度指標最低，不是守成的，而是宏觀的，這點與他爸爸一樣，宏觀、大格局、開放的，他是開拓型的無尾熊型，占無尾熊型人口的1%。

他是政治精英，在最優秀的政治官僚體系為民服務，領導他的政府團隊時（台灣稱立法委員），還會唱歌跟他們互動，因為是無尾熊型又帶孔雀型，喜歡好玩有趣、和諧快樂，向老百姓演講的時候非常幽默，把快樂氛圍帶到治理國家的層面。

我每次看他的演講都非常享受他的風格，看到他的格局，與人的連結，他的影片裡提到人和人的溝通很重要，這點和老虎型的爸爸李光耀個性完全相反。

李顯龍的領導特質 老虎型

和平和諧、人緣好、
宏觀大格局、開拓性、
與人的連結力強、幽默。

我對比亞迪創辦人
王傳福的性格描繪

可掃QR Code 開啟YouTube影片一起閱覽
Marie老師主講日期：2024年7月1日

❶ Marie老師，今天請您與我們分享比亞迪創辦人王傳福的故事？

　　今天分享的這個故事還記憶猶新，去年8月份我正要去新加坡度假的時候，剛好聽到一個電視台訪問前立委蔡正元先生，談到比亞迪王傳福的事情，蔡正元馬上很幽默的說出，比迪亞王傳福這一生事業有三大貴人，第一個貴人是習近平，第二個是巴菲特，第三個是馬斯克。他的說法讓我對王傳福產生很多的好奇心，感謝蔡正元給我臨門一腳，讓我以這個題目使聽的人輕鬆又可學習。

　　此外，我運氣很好。因為台灣買不到王傳福的傳記，我在大陸的朋友孟浩於農曆年過年期間買到大陸的簡體版，這本傳記寫得非常好，內容是由中國華僑出版社出版，由作者成傑及相關人共同著作，傳記寫得非常感動，關於他的影片我也看得非常多，我會播放一部比較簡短約一分多鐘的影片和各位分享。

我學習PDP 33年，專門講人的個性——「領導力和組織行為」，知人善任，人盡其才；我剛好看傳記也看了50幾年，從18歲看到現在，對各行各業每個成功的人有什麼辛苦、有什麼天賦，我都會特別注意。

　　這本傳記一開始提到，王傳福在13歲的時候爸爸去世，隔了兩年媽媽也去世，家裡一共有8個小孩，家境非常辛苦，他的哥哥跟嫂嫂後來去打工，由於王傳福書念得最好，兄嫂就投資他念書，成為他很重要的貴人。

　　大學時代王傳福比較開朗，有一個外號叫「舞林高手」，喜歡參加跳舞活動，整個人活潑起來了。他擅長與人打交道，才大二就入黨，主修材料科學，一路念到碩士和博士，研究所的時候開始半工半讀，26歲就晉升到中國有色金屬研究院副處長，由此可看到他的領導才華。

　　27歲的時候，國企派他前往深圳籌備比格電池公司，去的時候剛好是鄧小平南巡第二年，整個深圳城市的生命力非常豐富，對他而言，整個人都被大環境影響感染，剛好又聽到一個很重要的消息，日本因為環境污染的問題，決定停產老式的鎳鎘電池，他得知這個消息，向所屬的國企反應希望接手生產，但因為大量製造需要龐大的資金，國企不敢冒這麼大的風險，所以沒有同意。

他本來的規劃是想做科學家，再當老師，但在深圳這樣完全不一樣的氛圍和舞台感染下，讓他整個人活化起來，由於國企沒有通過他的計畫，所以他夢想創業，於是辭去工作，這是他人生非常戲劇性的轉捩點。

比亞迪王傳福領導特質
孔雀型

表達力強、善於言語表達、對願景說服力強、解決問題能力強、動作最快、多樣化的才能。

辭職後先說服了他的表哥，表哥當時剛好賺了第一桶金，手邊有錢就願意借他250萬，另外一個朋友在那段時間做證券交易，也賺了幾10萬人民幣，便加入一起當起王傳福的股東。

當他聽到日本世界級最好的電池廠商都要放棄這個產業，他馬上看到這個大好機會：第一，他是科班出身，材料剛好是他的專門領域；第二，這個產業本身非常大，當時中國尚在發展當中，較無考量到環保的問題，所以這個機會潛力不可限量。他的個性在此顯現出來，立刻、現在、馬上說服他的表哥和好朋友，

募集到創業資金。

從人格面的描繪，可以看到他的孔雀型特質，具備強大的說服力，很會表述願景和希望，他可以做的事情富有潛力，另外，他的行動快速，宏觀、有魄力、敢冒險。當時的直覺告訴他這將是一個非常大的產業，具獨特性，而電池在市面上是日本世界級的企業獨家的，所以他要牢牢把握這個機會。

❷ Marie老師，請問比亞迪創辦人王傳福遇到了什麼挑戰？

當時他已經籌到了將近300萬人民幣，在那個時代算是非常高了，那時員工每月才幾百塊工資，已屬於非常高資本密集的行業。

但生產的機器設備非常貴，他們的資金買一台機器差不多就用完了，此時王傳福運用了他的天賦，他有科學家的精神，像以前福特汽車採用泰勒博士科學管理的生產模式，王傳福採用半自動化流程，半人工半夾具的方式，靈活應用資金，落實科學化大量生產，兼顧成本與品質，在短時間內，他正值31歲時，做到了中國傳統手機電池的第一名，且是世界第四名。

第一個階段，在他31歲的時候，發現這類型的電池生產門檻

低，世界潮流已進入到新型態手機的電池生產，他就打造一個半自動半人工的生產流程，設計了獨門的SOP標準化流程，生產的產品品質非常好，成為全球第二名的新型手機電池供應商，這個時候他已經34歲了。

除了他的天賦和努力，還有他解決事情的方法，34歲的時候就成為中國手機電池供應商第一名、全球第二名，僅次於日本的三洋。他在公司成立7年後在香港上市，上市後隔一年就超越日本三洋，成為世界手機電池之王，王傳福和他的哥哥進入Forbes富比士（中國譯為福布斯）的前50名。

❸ Marie老師，王傳福28歲創業至36歲還蠻順利的，也累積了很多成就，在其他方面有遇到什麼挑戰嗎？

王傳福一路上都運用了他的天賦，進入富比士排名的時候36歲，他和兩位股東都入選，收穫很高的成就，進入億萬富翁排行前50名，再隔一年37歲，還超越日本的三洋，成為手機電池王了。

他的第二位貴人是巴菲特，剛好巴菲特的合夥人蒙格——巴菲特的智庫，就是在這個階段認識了王傳福，非常欣賞王傳福，覺得王傳福真是奇人，有愛迪生的發明能力，又有奇異GE傑

克・威爾許（Jack Welch）解決問題危機的能力，才能夠幫助企業在這麼短的時間創造這麼高的成就，所以蒙格也說服了巴菲特，投資王傳福的公司至少10%，那個時候在全中國是一個非常大的消息。

一路上沒有摔跤，他開始覺得只做電池的池塘太小了，他的野心變大了，想擴大發展，前面所提到的他的個性，就包含了願景、創造希望，「製造」讓夢想成真，比亞迪就是「build your DREAMS」，這個DREAMS可以是很多種夢想，是不受限制的，這個時候，他在想電池可以做的事情變化這麼多，目前只做手機電池，感覺範圍太小了，於是起心動念想跨足汽車產業。

因此在2003年元月，他登上富士比的同時已經是手機電池王，當股東都歡欣鼓舞的時候，他收購了陝西秦川汽車77%的股份，投資人不看好，連巴菲特和他合夥人都不看好，因為秦川是軍車，外型不討喜，投資人覺得怎麼原來的行業經營得這麼好、這麼賺錢，偏偏要去走一條完全不同的路，不同的產品，還是汽車領域，王傳福不受影響，堅決一定要做，即使股東要把投資的資金抽回也不管。

剛開始王傳福因為完全不懂汽車產業的商業模式，經銷商看完了他的新車設計都非常驚訝，勸他不要再投資這個行業，他想這招行不通，就來了一個奇招——抄襲，他覺得最簡單的方法就是抄襲市面上最暢銷的車種，例如豐田車種。有智慧財產權的地

方他不碰，其它可以抄的，沒有智慧財產權的部分都抄，所以做出來的產品對消費者而言，外型完全一模一樣，只是不同的品牌，連豐田都搞不懂怎麼長得這麼像，而且賣很低的價錢，結果成為第一名暢銷車款，那時他已經39歲了。

從2003年開始生產，2007年他就宣布比亞迪2015年會成中國第一，而且在2025年還會成為世界第一，那時他41歲。大家都認為他膽子很大，敢想像也敢吹牛。畢竟汽車工業也是經過一百多年發展出來的，是一個工業革命，是一個很長程的旅程，當時2007年中國的工業還沒有發展到這麼成熟的階段。

他進入了汽車產業用抄襲的做法又賣半價，還做到同型車種的銷售第一名，還沒有跌跤付到什麼學費，因此，他的膽子更大、更敢想了。

然而，2012年之後，他開始陷入連續5年的困境，很多股東把股票賣掉不做了，媒體也紛紛關注他的起伏，2014年的時候，王傳福終於公開在媒體上承認他們過去的錯誤，只注重銷量和經濟規模，忽略了提升產品、消費者體驗和服務，因此向大家道歉。

如今回頭看，他們當時犯了很大的一個錯，因為他以前的電池產品是B2B，但他進入B2C的汽車行業，是面對整個大眾的、完全不一樣的商業模式，而且資本的投資更大，如果不了解大眾

要的體驗，銷售量大又只會抄襲，半價是得不到尊重的，所以他們發覺要提升品質和消費者體驗，需要向蘋果手機學習，在產品層面更加注重使用者體驗，**這次的跌跤是他在汽車業很大的教訓，也是很大的轉機。**

我們待會也可以在影片上看到，馬斯克本來看不起他，因為馬斯克的東西很有原創性。

王傳福會走向新能源領域是由於他去了日本，看日本的交通都不會堵塞，大陸的交通堵塞卻很嚴重，他開始思考怎麼樣運用新能源，剛好國家的新能源政策也推波助瀾。習近平是他的貴人，由於全球空氣污染非常嚴重，習近平看得很遠，認為中國要發展新能源，帶動企業往新能源方向發展。王傳福就搭上了國家政策趨勢，經過上次打擊和在日本學到的經驗，他發了宏願想要用新能源解決交通堵塞問題。2016年，發展新能源雲軌，讓車子有空間疏散交通，避免城市擁擠，進而解決城市的污染。

王傳福很認真，在新冠疫情期間，他們不是醫療領域卻運用工廠資源，很快地才花一個月的時間，打造世界第一大口罩製造廠，生產口罩給需要的國家及老百姓，這點也看到他對國家的社會責任和歸屬感，很願意付出。

2018年，比亞迪被同樣是2003年開始生產的特斯拉超越，記得去年2023年年終，比亞迪還位居第二，他痛定思痛注重品質，

現在的車子已成為全世界第一名。王傳福本身的個性非常快速且多樣化，所以生產許多車種，不像特斯拉車種較少，如今，他所製造的新能源電動車總量成為全世界第一名，也達成了他在2007年宣布的誓言，2015年中國第一，2025年世界第一，放影片讓大家看一下。

❹ Marie老師，請幫我們為比亞迪創辦人王傳福的故事做總結。

經過研究王傳福的傳記，還有他的天賦優勢及起伏，我們看到他從錯誤中有所學習。也提到他的第三個貴人是馬斯克，馬斯克曾取笑他，認為王傳福不可能成功，認為他不懂設計、車子的外形不討喜，王傳福就找來最酷的、消費者最喜歡的造型，甚至也參考特斯拉車型。

他善用國家的政策，極大化可運用的資源，習近平也可說是他的貴人。其次，他的科學家發明精神，怎麼使用最少的成本創造最大的利益，所以巴菲特與他的合夥人蒙格才會對他這麼看重，投資他手機電池事業。

後來，當他在生產的時候犯了嚴重錯誤，他只想大量生產，怎麼以最低成本量化，透過抄襲的手段來進行，他從這裡學到了教訓與功課，也承認了**人生處境越困難，越需要開始苦練內功，**

此處的苦練非常重要。

內功即是我們所說的內在力量，有了內在力量，就不是只看外表，對品質和消費者體驗也非常重視，他開始懂得謙虛，注意到這是他要學習的。

一般消費者的體驗上，若只有抄襲，產品的品質不好、過於粗糙，是不會被尊重的，於是從 2007年到2012年這五年他最消沉的時間裡，他學到的功課就是要向蘋果看齊，品質一定要做得非常好，才能滿足消費者的乘車體驗。同時善用國家的新能源政策，只要是用新能源車就會有很多的補助，他跨足雲軌讓很多中小城市交通不會堵塞。此外，他對車子的造型、車子的品質，都同步做了各方面的努力。

今年，2024年比亞迪的車展，不管是在德國或在任何地方展覽，大家都為之驚艷，他的車子完全脫胎換骨，兼顧品質和造型，成為新能源車的世界第一。

知名電影導演王正方——
王導專訪

▶━━━━━━━━━━━━━━━━━━━━━━━━━━━

可掃QR Code 開啟YouTube影片一起閱覽
Marie老師主講日期：2024年6月25日

Marie：Hello，王導你好。

王導：你好。

Marie：我們今天非常高興有這個機會邀請到文化界的領袖人物，經典的代表人──王正方導演。他這幾年真棒，導演完畢以後就開始寫作，把他這一生從幼稚園、小學、十歲到台灣，自己和全家的成長過程都記錄成書，第一本是《十年顛沛一頑童》、第二本是《調笑如昔一少年》、第三本是《志在四方一男兒》，現在他的第四本書快要出版了，每本書都至少超過十萬字以上，我看一本就花了好長時間，我剛好有去參加他在婦聯會和台大研究所的講座，很大型的幾百個人的講座，幫助我今天的訪問。
　　我就稱呼你王導。我記得在你的傳記裡面提到爸爸在你10歲的時候，全家到台灣建立「國語日報」，我們從小都是看《國語日報》長大，對整個台灣國語運動推廣是很重要及浩大的工程，請問你在這方面有沒有什麼可以與我們分享？

王導：我們全家原來在北平，1948年（民國37年）來到台灣，從北平坐船來到台灣基隆上岸，來的原因不是隨軍隊撤過來，是因為我父親得到國家交給他的一個任務，要到台灣來辦「國語日報」，因為台灣剛剛從日本人手裡光復回來，當地的語言一定要推廣一下，要教中國的語文，所以就用《國語日報》的形式來推廣，原來《國語日報》在北平的時候叫做《國語小報》，是個三日刊，每個漢字旁邊都有注音符號，所以會念注音

符號，發音自然就非常標準，所以我父親是創辦者之一，來到台灣以後，因為也沒有什麼錢，也沒有人力，整個報社曾經辦過報紙的人就是我爸爸他一個，其他人都沒有辦過報紙，都是些教育界人士，千辛萬苦辦起來。

並且趕在民國37年——1948年的10月25日創刊號，因為10月25日是台灣光復紀念日，趕在那一天出刊第一份報紙，但因為沒有經費又停了一個月，然後再努力找錢、再繼續出刊。

在台灣的大人小孩都應該知道《國語日報》是怎麼回事，從小學開始就念《國語日報》，大家能夠講比較標準的國語，靠著這個來推廣中國語文，所以對現在來說，台灣能夠用中文來寫作、說話，表情達意及傳播，《國語日報》早期的功勞是不可抹滅的，這是我父親來台灣所做的工作。

Marie：因為你從小也是在這個環境氛圍長大的，你提到像你哥哥，你和哥哥都是念美國長春藤名校，都是最棒的，都念了博士，你哥哥還是院士，他還是諾貝爾獎的貢獻團隊、伊維菌素研發者，他的貢獻包括醫治非洲小孩，我看過你被訪問的影片，他帶著一群年長3、40歲的盲者，這對整個世界和非洲的貢獻，你哥哥不屈不撓的爭取很不容易，請你分享一下好嗎？

王導：我們兄弟兩個，我哥跟我，我們大概差2歲多，不到3歲，小的時候我很受他的壓迫，他成績也好、人也好，得到父母師長的喜歡，他好像從小學到大學經常考第一名，沒有考過其他的名次，最標準的學霸，太厲害了，我是剛好相反，我考到學校

了以後念的成績都是吊車尾。

Marie：可是你謙虛，你還是學霸，你也都念最好的學校，建中、台大、賓大都是最好的，不要這樣客氣。

王導：我是好學校的壞學生，在後面差一點被當掉的那個永遠是我，一塌糊塗，所以我小的時候蠻討厭我老哥的，可是他是我們家的模範生，他不是學霸，他是很有紀律、很努力，很不屈不撓的一直在念書做研究，他不是那種天才型，我認為這樣的人做High-level Research高等研究工作是最好的，他逮到東西就不放了，要研究個清楚。不過他已經走了，走了好幾年了，他這一輩子，我覺得他最大的成就是發明了河盲症的特效藥，治寄生蟲的，這個藥的英文名字叫Ivermectin，中文名字叫做「伊維菌素」。

他原來在默克藥廠（Merck）做資深研究員的時候，他的老闆叫做William Campbell，給他一個任務，說我們現在要研究一種藥來治寄生蟲，在牛和馬，還有羊身上造成了一種心臟病，還包括寵物。這種寄生蟲很惡劣，於是他的團隊和他就在實驗室裡沒晝沒夜的做，我很了解那段時間，就是1970年到1975年（民國59年到64年），大概3、4年，不到5年時間研究出來，很難做。

那時候我剛好在賓州大學（U Penn）念書，他在New Jersey，U Penn跟New Jersey很近，所以我常常到他那去看看，他連吃飯的時間都沒有，結果最後他把這個藥研究出來了，研究出治療牛跟馬，還有寵物的病，非常成功，然後默克藥廠賺了很

多錢，賺了錢，繼續再研發藥。我哥這一輩子研發了很多藥，可是這個藥最為重要，因為後來他想到這個藥既然可以殺寄生蟲，他知道在非洲有一種病叫做「河盲症」，就是有一種寄生蟲生活在水裡，非洲的老百姓在河裡、在水裡走來走去，或者是種田，那種寄生蟲會在人光著腳時鑽進他的皮膚，附著在他身上，無藥可治，那些寄生蟲一直附在那個人的身上，不斷的死了以後再重生，最後會附著在人的眼球上，大概到了成年以後，這些村民都變成瞎子，叫河盲症，因為這是河水導致的失明。結果我哥說，我們把這個藥免費送到非洲去治這種病。他跟他的老闆說，老闆不同意，說賺錢的東西怎麼能拿來免費送給非洲人，於是他就一層一層的遊說，他那時候有點不務正業，除了工作以外，他聯合了很多在默克藥廠的科學家，聯名上書給董事長、CEO，說我們要做這個，通通被打回來，理由是我們要對這些大眾股東負責任，這樣亂花錢是不可以的，一次、兩次、三次嘗試，換了好幾任董事長，到了第三任，那位董事長年紀比較大，他快要退休了，覺得這是一件好事，便答應來做。

他們一起努力，通過聯合國的WHO把藥送到非洲去，免費送給非洲人吃，不收錢，可是這藥本身是可以賣錢的，所以頭幾次送到非洲的一些地方單位政府，不把藥分送給老百姓，反而拿去販售賺錢，後來聯合國說不行，我們不能讓當地政府來經手。

他們便自己派員到非洲，藉由非洲每年有幾個集市趕集的機會，很多人來，就發給他們每人一粒，這種藥很有效，大概一年吃個四次就根治了，十幾年以後，這種病在非洲至少控制住了，雖然沒有完全杜絕，可是控制住了，到了2015年，諾貝爾獎就把

諾貝爾生物醫學獎頒發給這款藥的發明者，當然是他的老闆拿到這個獎，可是我老哥是幕後推手，他是無名英雄啊，他是重要團隊的一員。

Marie：我們看你的書就能了解，你家裡就有「哥哥爸爸真偉大」。

王導：對，真偉大，他們倆的成就都是不得了的，我這差遠了。

Marie：今天主角是你，其實你很謙虛，你也是先後參加美國越戰抗議運動，還有釣魚台事件，零梯次的，你們是最早啟動的五位，還去了大陸，這也不簡單，我們後面再談好了。

王導：你覺得什麼時候開始講我就講這段。

Marie：你是電機博士，在IBM服務、在學校當教授，為了好朋友請假一個學期去拍電影《半邊人》，把你原來的天賦表現出來了，讓你體驗到了。45歲居然膽子還這麼大，一般人中年轉型是38到42歲，你則是45歲把電機教授、IBM全部辭掉，開始走進電影的事業，拍了膾炙人口、世界級的《北京故事》，請你分享一下好嗎？

王導：我是亂搞，我當時辭去大學教授職位去拍戲的時候，

因為我們兄弟關係很緊密的，我老哥知道了很生氣，他說又是幹這些很荒唐的事情，沒有慎重考慮，你真的要放棄一切去拍戲、拍電影嗎？我說是，他就警告我一句：將來如果你凍餓而死的時候，不要來找我。

我說真的啊，沒問題，我試試看。這是因為我從小就很喜歡表演，很喜歡，我對表演藝術有愛好，我也覺得自己會演戲之類的，是不是真會演戲也不知道，所以我在台大念書的時候就參加話劇社，一個電機系的同學參加話劇社。

Marie：沒聽過理工男跑去參加話劇社的。

王導：真的沒有，那個時候我大概是唯一的一個，以後有沒有我就不知道了，離開台大後一直對這些事很有興趣，到了加州以後也剛好有一個機會，我參加了個劇團，也參加了其他朋友拍紀錄片的工作，我去幫一下忙，覺得這玩意兒很有意思，非常好玩。

一個好朋友戈武，他是學戲劇的，科班出身，到香港去發展，長話短說，他也想拍電影，但沒辦法拍到，因為他在醫院開刀，出了意外就過去了；於是乎他在香港的好朋友，一個很有名的導演叫方育平，想寫一個劇本來紀念我們共同的朋友，就找我去做編劇，我當然義不容辭了，都是電影發燒友啊！他出師未捷身先死了，所以我參加，就是寫我們這個共同朋友戈武在香港的一段故事，跟一個女孩有一段或有或無的戀愛故事，蠻有意思的。寫完以後，我說我回去上班了，我要去美國教書了，導演說

不行，我們還沒找到男主角，想來想去怎麼找也找不到一個合適的人，結果他說你來演他好了，我說我怎麼能演他？他說你對他最清楚了！他說：我看你寫的劇本，不光是這個人，你把你自己也寫進去了，你就演這個好了！我就演了，也沒有料到這部片子在香港還蠻轟動的，提名了金像獎。

Marie：對，台北電影節有放映。

王導：前年台北電影節有把這部電影當做一經典片來放映。這部電影播映後，在香港的金像獎得了很多大獎，包含最佳影片、最佳導演、最佳剪接，但最佳攝影、最佳編劇、最佳男主角都沒得獎，我參與的都沒得獎，獎給別人無所謂。後來香港金像獎委員會在2005年，他們又開會討論列出100年來100部華語電影的最佳影片，結果《半邊人》也入選，這是經典的東西，我是100名之內。所以你說一個人經過了這些經驗以後，怎麼能不動心？於是我覺得我應該可以去拍電影，我毅然就辭職不做了，以前受的教育、搞的這些事，全放下了，就去闖電影的這個領域，後來就拍出《北京故事》，結果票房跟影評都很好，我就此走上拍電影的路子。

Marie：《北京故事》台灣雖然沒有放映，但在整個大陸很轟動。

王導：大陸也沒有轟動，反正我在北京、舊金山拍的，在美

國的迴響很強烈，很多的電影節、很多地方電影上演的時候，得到很強烈的反應，後來在商業發行的時候，票房也非常好，在加拿大也不錯、香港也賣得不錯，在歐洲也賣了好多地方，所以那部片子整體來講蠻成功的。

Marie：我記得你的書裡有提，包括一個南美洲移民，看到你的《北京故事》都那麼感動，所以人類的心是不分國籍的。

王導：那一次我自己也覺得很感動，印象深刻，沒有想到一位南美洲的人也很喜歡我的電影，真是沒有想到，所以這也是從事電影工作最大的收穫，得到的報酬不是錢、不是名，而是你知道在世界的某個角落，有人看到你的東西，他很感動，他和你有同感，他告訴你那件事。那天我記得真是難得的很，那是我覺得最珍貴的一次經驗。

Marie：那已經進入到藝術境界了，心跟心的連結，那個是很深度和深刻的感動，在不同的民族間是很不簡單的。

王導：這不是一個商業行為，我覺得我從事電影跟寫作，都不是從一個商業角度來考量。

Marie：另外我看到您最近也做公益拍了一部《馬吉的證言》，關於日本在南京大屠殺的紀錄片，是否跟我們分享一下？

王導：這部電影很有意思，因為它是一部紀錄片，總共大概只有40分鐘吧，40分鐘多一點，我是義務去拍的，我沒有收任何報酬，這部片子也沒有商業放映，只是在美國的一些公眾電視台播放過，還有一些其它場合，可是我現在仔細算一算，我拍的這部紀錄片大概是觀眾最多的一部電影，你知道為什麼嗎？後來這部電影被現在南京的「南京大屠殺紀念館」找到了，他們認為很好，變成經常放映的一部電影，每天都在那裡放映很多次。

　　Marie：馬吉牧師，他是美國人？

　　王導：馬吉是美國人，John Magee（約翰・馬吉），1937年（民國26年）的時候他在南京，他是個醫生，也是牧師，他在那裡一方面是傳教，一方面是替南京人做一些醫藥上的服務，他親身經歷了這一段很慘痛的屠殺經驗。他是一個喜歡攝影的醫生，他有一台8釐米的手搖的那種小照相機，80多年前沒有進步的器材，他就在當時錄下了很多東西，當然沒有聲音；二次大戰結束以後，他就回國了，也沒有處理他拍的那些影片，後來是有一次，他的兒子，他有好幾個兒子，他的二兒子David Magee在搬家的時候，從地下室找到了這一堆影片，拿出來看，發現效果還不錯，他怎麼處理呢？David Magee住在紐約上州Rye, New York，他就到處聯繫，尋找有沒有什麼機構對這影片有興趣，後來我的一個朋友陳憲中，還有邵子平，他們成立了一個向日本二次大戰對中國迫害進行索賠的機構——「對日索賠會」，當時並沒有達到什麼效果，但對這些老片子很有興趣，說我們應該怎麼

做、剪一剪整理一下變成一部紀錄片，那時候我在紐約有一間電影公司，陳憲中是我的好朋友，就找上我，我說我先看看吧。

一看簡直是看不下去，太悽慘了，講一個鏡頭吧，就是John Magee跑到醫院去探望一個病人，一名女性的脖子已經被砍得差不多斷掉了，看得到一個大缺口，三角形的大缺口，砍到差一點就全砍下來了，可是她還活著，醫生在替她整理這個傷口，諸如此類的這種片段都拍了下來。我看了以後就想，我來把它組織一下，這裡面包括了訪問David Magee，講他以前的事情，我到他家去，用他爸爸拍的許多片段來講這場大屠殺的事情。

那時候剛好日本有一個政客叫做石原慎太郎，他是非常軍國主義的人，公開在報紙上說，中國方面說日本在南京大屠殺殺了30萬人，這都是誇大其詞，他覺得最多3萬人吧！沒有殺那麼多人。我看到了以後非常生氣，覺得你都殺了人了，還說出這種話來，可是我不是在電影裡譴責他們，我的旁白都不講那些話，我就用Magee他們家的故事來敘述。

Magee怎麼回事呢？Magee有好幾個兄弟，在二次大戰發生的時候，大家對於軸心國，日本和德國的這種暴行非常痛恨，John Magee的大兒子叫做John Magee Jr.，小約翰馬吉，他已經長大了，他想當美國空軍，去歐洲前線打德國人，可是他可能因為太年輕或是體格的原因，軍隊沒有收他，於是他就跑到加拿大去，參加了加拿大的皇家空軍，他非常積極的訓練，後來變成一名飛行員，可是他沒有沒有機會到二次大戰的前線去了，因為他在一次訓練飛行的時候失事摔死了，但是大家都紀念他。

John Magee Jr.是非常有天分的一個孩子，他寫了一首詩，叫

做〈高飛〉（High Flight），非常美的一首詩，訴說了怎麼樣嚮往這片天空，怎麼樣在天空上飛翔，他最後又說，我飛到上面去，我可以「touch the face of God」，我可以摸到上帝的臉，可是他的願望沒能實現，而他的這首詩，在加拿大的皇家空軍官校跟美國空軍官校裡，變成每個學生必須要讀的東西。

我在訪問David Magee的時候，我問David，你記不記得你哥寫的這首詩？他說我記得，每個字都記得，最後電影的結尾就請他念哥哥的詩，他不用看文字，他會背，很有感情的念了出來。最後的旁白就說，每一個人的生命都是同等的珍貴，你說殺了3萬，殺了30萬，這有什麼不同？我們反對的、我們不同意的就是你屠殺了無辜的人，這是我們的信念，這是我們要堅持的，這部電影就是這個意思。

Marie：很棒，從他們家的角度描繪出來，剛好你是念電機科學，呈現事實。

王導：那部電影我用了最少的時間，不是很多的精力拍出來，沒想到現在天天有人在看，其他電影反而沒人看。

Marie：我們知道你最近寫完了一本新書即將出版，因釣魚台事件去大陸訪問周恩來總理的著作，從晚上10點到早上4點，有6個小時讓你們訪問，你到現在都記得很清楚，聽你分享，讓大家享受一下，你的書還沒出版，因為你要確定它的精確性。

王導：對，我的書還沒出版；也還沒找到出版商，由哪一家出版社出版還不知道。我寫完了就好了，現在還在最後校稿改編，這講起來就是我們1970（民國59年）年底到1971年保衛釣魚台群島的運動，我那時候在賓州大學念博士，還沒念完最後兩年，我1972年畢業的，1971年整整一年我都沒念書，也沒做實驗，就混了時間，我說我是個很混的學生是這意思，因為這個運動來了。1972年的時候，在宜蘭西北方那一群小島叫釣魚台群島（釣魚台列嶼），沒有人居住的八個荒島，那時候美國軍事託管，美國要把這幾個島，包括琉球群島，現在叫沖繩，統統交給日本，那時候我們這些台灣的留學生，還有東南亞留學生、香港留學生，我們最喜歡做的是什麼呢？那時候還沒有網路，就是跑到圖書館看閒書，自己要做的功課放旁邊，光在圖書館看閒書，最後就查起這些資料，一看才發現釣魚台的歷史及淵源，還有一個地質學的同學，他再研究一下說：「哎，重要了，釣魚台列嶼的附近，這海底蘊藏著豐富的石油，那個石油的蘊藏量，跟沙烏地阿拉伯的蘊藏量差不多啊！」

　　中國，包括台灣一直是缺乏石油的國家，找到了石油，我們的能源就解決了，這個東西不能給日本，日本已經搶了我們很多東西搶了，再給他還得了，於是我們發起運動，就這樣開始，組織了很多的遊行演講。那時候課也不上了、實驗也不做了，到處奔走串聯各大校園，我在賓州大學（Ｕ Ｐｅｎｎ），去到Pennsylvania很多大大小小的大學，Penn State University也去過，跑了好多學校，每天就忙著這個，組織了好多次大遊行，非常盛大，轟轟烈烈。

台灣也發起了保釣運動，香港也很熱烈，那是非常壯烈的幾個月，可是最後我們感覺到台灣政府對於這些學生運動，基本上是想打壓下去，不希望我們搞這些事情，因為他們不願意得罪日本人和美國政府，於是我們變得很失望。就在那時候，1971年剛好中國大陸跟加拿大建立邦交了，1971年的10月，台灣在聯合國的席次被投票退出了，大陸就進入了聯合國，所以那個時候，我們這一些比較激烈的留學生領袖，覺得可能中國大陸對釣魚台問題會不同的想法，或許他們願意出力來照顧還是怎麼樣，於是因緣際會，基於這個所謂的保釣運動，包括我在內的五個人私訪大陸，這是不合法的，所以我們偷偷的安排了，從紐約坐飛機到香港，從香港進了大陸，以為是祕密的，沒想到國民黨的情治單位，台灣政府情治單位也不是吃素的，我們前腳進了中國大陸，這邊的《中央日報》就登出來了，某某某（姓名），中間還有「王匪正方」。

　　Marie：對，我看唐湘龍訪問你，節目一開始就講王匪正方。

　　王導：投奔大陸，甘心做共匪的文化特務，我後來回到美國以後，外號叫王匪正方，另外一個叫王文特，文化特務，不得了！結果有這麼一次機會，是1971年9月的第三個禮拜，一直到11月的第四個禮拜，我整整兩個月的時間在中國大陸跑。

　　Marie：我們focus一下，像季辛吉才過世，享壽100歲，季

辛吉跟周恩來這兩位改變了世界，你是親自訪問了周恩來周總理，書還沒出版，我們聽聽看你的說法，你和我們分享最重要的這部分好嗎？

王導：好，那天是1971年11月17日晚上（民國60年），10點鐘進去，進到人民大會堂的新疆廳，周總理還有其他的官員在等著我們，他大概172公分的個子，不是很高，穿著中山裝，他穿起中山裝看來就比較帥，不知道為什麼，其他人窩窩囊囊的，他穿得很挺，脖子掛了個小牌子寫著「為人民服務」，跟我們一一握手，他的右手不能伸直，因為他在國共戰爭的時候，國民黨追打他時從馬上摔下來，手摔斷後沒有醫療，就這麼長歪掉了，所以他就這樣跟我握手，用他那個江蘇話：「我歡迎你們，歡迎你們」，很妙，然後他侃侃而談，因為中國大陸的情況就是這樣，在一個場合裡面發言的永遠是那個最高領導，陪同的人除非問他了，他才講。

Marie：體力這麼好。

王導：他那時 71歲有胃癌，每隔四個鐘頭吃一次藥，我們在那裡六個鐘頭裡，他吃了兩次藥，談笑風生，知識非常廣，天下的事情他都知道。他知道很多事情，但對台灣的情況不是那麼了解，因為台灣跟大陸那時候已經隔絕了20多年了，所以問了我們很多台灣的事情、釣魚台的事情，我是一個很莽撞的人，我說我們從美國飛到香港，在美國已經聽到了林彪事件，林彪不是叛

變嗎？最後坐飛機逃走，在外蒙古摔飛機摔死了。我問總理說：我們在外面聽了很多林彪的事情，叛逃，總理您有什麼看法？您能不能告訴我怎麼回事？周總理講話表現得很得體且有分寸，很厲害的地方是，他的回答我記得很清楚，他說：「我們社會主義的國家，這個內部鬥爭啊，非常的激烈，從這開始，第一次鬥爭是陳獨秀路線的錯誤，然後有九次鬥爭啊，第二次是王明博古，李立三事件……」，講到第九次，文化大革命的問題，第十次應該是講林彪了，但他講到第八次，第九次的時候，我們已經忘記自己問的是什麼問題了，也沒有正面答覆。

Marie：所以1971年還是文革的時候，1966年到1976年。

王導：1971還是文革的期間，中國大陸跟現在完全兩回事，這個經歷，買我的書，我在裡面講了很多有趣的事情。我這麼有幸見到這位很難得、很優秀、很有魅力的一個領導人，所以你到現在看到當下的這些所謂領導人，簡直看不下去了，什麼樣子，太差了！

Marie：我看過他的傳記啊，文革時期他每次心情很壞的時候，就去成都諸葛孔明那邊跟諸葛孔明對話，所以我第一次到了成都，和我的大陸夥伴，我們吃完午飯，他說現在還有點時間，你想去哪裡？我說聽說你們成都有諸葛孔明祠，他說離我們這邊15分鐘，就帶我去看了。所以諸葛孔明和周恩來都是老百姓記得一輩子的人物。

王導：不過周恩來的格局比諸葛孔明大太多太多了，因為諸葛亮他在四川的時候人口才100多萬，周恩來那個局面有多大啊！事情真多呀！所以管的事情比諸葛亮那個時候，可是兩個人的精神跟治國的嚴謹，能力跟人望是差不多，真了不起。

　　Marie：我現在來分享一下，我上次跟你吃完午飯，做了你的PDP天賦優勢問卷，給我一個機會，我們剛好在PDP中談五個類型，包含老虎型、孔雀型、無尾熊型、貓頭鷹型、變色龍型（整合型），一共五種。

老虎型15%
Dominance
權威導向Authoritative
重實質報酬Bottom line result
目標導向Goal Oriented

孔雀型15%
Extroversion
Sympathetic同理心強
Good Communicator擅長言語表達
Persuasive自我宣傳

整合型變色龍(1/2 Sigma) 30%

配合度高 Strong Survivor

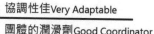協調性佳Very Adaptable

團體的潤滑劑Good Coordinator

貓頭鷹型20%
Conformity
喜歡精確Accurate
重視專業Perfection
循規蹈矩Observes rules

無尾熊型 20%
Pace/Patience
Peace愛好和平
Perseveres持之以恒
Patient忍耐度佳

PDP動物五型

王導：沒有駱駝？

Marie：沒有，老虎型占人口15%，老虎型是所有類型裡面
改變歷史的驅動者。

王導：那我不是老虎，我大概是隻病貓！

Marie：你就是老虎型，所以為什麼從事影劇一定會當導
演，老虎型有什麼特色？第一個，你充滿前衛和前瞻性，主動讓
事情發生，非常勇敢，喜歡有建設性的東西，不喜歡聽gossip
（八卦）。

王導的領導特質
老虎型

具前瞻性、組織人事物資源很
強，注重關鍵與結果，主動讓事
情發生，非常勇敢，敢於冒險。

王導：Gossip（八卦）聽起來也很有趣。

Marie：你的組織力很強，組織人事物的資源讓事情發生，這是你的天賦優勢，這占你的個性的第一個開關50%，最為重要，所以我們會先抓住這個類型。另外，我們看最低指標，你的第二個優點，是孔雀也就是安靜的相反，你喜歡扮演諧星逗大家笑，這我是搞不懂，但PDP顯示你的原創力很強，喜歡先觀察，想像力豐富，當你一出場，因為是為老虎服務，所以你一定打中目標，這是你第二個特色。

其他的指標都是為最高的服務，所以你一出場就只講重點，然後一定命中要害，只談關鍵。

現在講天賦，不談人設，談人設是角色，我們現在講的是天賦優勢，也是領導力的優勢。因為我們這一系列不管談政治人物、經濟企業家，還是文化人物，都是談領導特質（天賦特質），這兩個最高和最低的特質就占了你天賦特質的70%，你的執行力、行動力強，耐心性稍微低一點。

王導：不是稍微低，是很低，我完全沒耐心。

Marie：跟你老婆比就沒有耐心了，你比較行動派，注重執行力，對什麼東西有興趣就希望馬上行動。

王導：對，這倒是。

Marie：你的精確性指標也比較宏觀，願意冒險，這是你的特色。對貓頭鷹來說，因為貓頭鷹是所有類型裡面最注重安全

的，安全第一、風險管控，所以保險的精算師，一定要有貓頭鷹型，還有房子的建築師、房屋安全檢定，也一定要有貓頭鷹型。

老虎會改變遊戲規則，做到為止，沒有人管控，像是2008年AIG金融危機，保險原本是以分散風險為目的，老虎把貓頭鷹廢了，變成分攤不了風險了，造成全球經濟危機。

我們因為談組織行為學，老虎型領導人必須要知道自己的優點和缺點，而公司裡面的每一個管理高層，就要找各種優點特質的人來補充，五個型都要有，這樣才不會有盲點。

王導：對，有道理。

Marie：像周恩來跟季辛吉，我的書都有寫，兩人都是變色龍整合型，只是季辛吉是變色虎，周恩來是變色雀。所以周總理他一講話就停不了，一講所有的點子通通跑出來了，Non-stop不用停。他是面向全球的，毛澤東是專心治理中國，外交交給周總理全部由他統合，他的整合力很強，所以鄧小平在文革的時候也是他救了一把，因為改革開放，鄧小平也是中國很重要的一個人。

這是你個性的四個特質，另外PDP天賦特質圖表還看出你的決策思維邏輯，你對人的敏感度非常高，我們說直覺力很強，直覺力就是Guts Feeling，你對很多事情都很直覺。

重要決策的時候，角色就要去蒐集很多事實，因為你是電機博士，科學訓練可以彌補你的天賦優勢，你的天賦優勢是直覺力非常強，如果這個人讓你的第一眼印象不好，他要花很大的能量才能向你證明他是好人，不是壞人，這是給你舉的例子。

我們來看能量風格，也就是你在做任務的時候——TASK（任務）的風格，你富有爆發力，全場能量最強，有謀有略，比如釣魚台事件，你有前瞻性，到現場見最關鍵的人，而且很直覺，等於你的三個優勢都有使用出來，爆發力最強、老虎型指標最高、直覺線條最長。

　　王導：所以說這不是偶然的啊！

　　Marie：這是你的天賦優勢，不是偶然，一個是你原來就有這個優勢，另外就是時間剛剛好，你準備、然後你勇敢，你們是第零波，在你們之後才會有追隨者，馬英九他們都是後來的，我是1973年留學（民國62年），馬英九比我小半歲，我們都是後波的，你們是最早的一波，這運用的都是你的天賦優勢，是有謀有略的老虎，所以你也知道怎麼存活了，不過你的支援力比較弱。

　　王導：沒人幫助我怎麼辦？
　　Marie：你就自己來，跑全場。但是你的天賦是先看、先觀察現場，制定策略，直覺去見關鍵人，你的優勢全部顯現出來了，這裡談的就是你的領導力。另外你的能量水準（Energy Level）——TASK的「K」，指的是人的電池，你的電池是屬於成就區，所以你對自己的要求很高。我剛剛這樣討論你的天賦優勢，自然本我，這不是角色，你覺得怎麼樣？

　　王導：很好，講得很好，你要說說我的弱點在哪裡？

Marie：你的弱點是太自信、太勇敢，需要注意和團隊溝通，要去傾聽別人，老虎比較不傾聽別人，有這個毛病是因為他本身能力很強，所以比如拿破崙就覺得那些人不行，但他一個人去攻打俄羅斯不是就完了？要吃敗仗啊！希特勒也是老虎型，不運用團隊成員的優點，拿破崙也是老虎型，而華盛頓也是老虎型，第一個採用民主憲法。

王導：唐納‧川普是什麼？

Marie：他也是老虎，老虎很多種呢。

王導：我這個老虎群什麼人都有。

Marie：黑道大哥也是老虎，有謀有略又講義氣的都是老虎型，老虎型是敢做敢當。

很重要的是你這一生多彩多姿，像你現在導演完畢，你在練習的時候也是全場都學，編劇什麼都有，技術面也學，然後現在還開始寫作，著作的每一本都寫得這麼豐富，你和我們分享一下最重要的部分，我看李四端訪問你，好幾次你要講使命，他就把你的話題轉向一邊，因為他的節目是要大眾聽的，一般人聽使命這主題沒興趣，聽不進去，我們現在最後一題來談這個，這很好玩。

你這一生這麼豐富，現在開始寫傳記了，寫了半天才寫到大學時期，每本十幾萬字，你寫得很豐富，書裡面很有生命力，好

像這些人都在那舞台上，把導演的功夫運用在你的寫作裡，分享一下你做那麼多，在你的生命裡對你來說最重要的啟動力、意義是什麼？因為PDP是心理科學，你的人生真正要什麼、你的意義，心理科學講不出來，所以聽你分享一下。

王導：這是給我的大考題，這怎麼答呀！

Marie：就是啟動你生命力的來源，你看你的每一本著作，每一本都十幾萬字，多厲害！你剛好也是爆發力、臨場感最強的，現在聽聽你談你生命的目的也好，做這些事情對你有什麼意義？和我們分享一下，現在最重要的就是生命的意義，我們聽聽你的靈性這部分。

王導：謝謝你給我這個機會，我覺得活到今天我已經86歲了，我寫回憶錄的目的想法也是想從頭再捋一遍，我這一輩子走過來的這些路和這些事，簡單、精簡的來講，就是每一個生命的階段，你的感覺、你的感觸、你的需求，激發你動力的原因，或多或少不大一樣，我覺得中間有一個共同點可能是我覺得我想做一些事情，第一是跟別人不是那麼相同的，我想在這生命裡面做一件事情，讓人家覺得他是不是在試著創造一些不同的東西，是好是壞、有沒有意義，當時都沒有這感覺，當時都沒有辦法來評論，直到現在我也是這樣，比如說我從正式的教育，小學、大學到博士的訓練，最後在美國的電機工程界做到一點成績，我覺得我這樣做下去，那時候已經40多歲了，我做下去就準備退休了，

可是能不能做到一些其他不一樣的事。

　　另外一個最大的動力，是因為我接觸到很多美國優秀的、一流的、太精彩的科學家跟工程師，我不如他們，真的不如他們，他們是天生的、天才型的，就有這個份兒，北京話說「有這個份兒」。我可以做到不錯，可是我可能沒有他們那麼自然、那麼天賦異稟，於是我還能做什麼？這是我那時候想到的，我覺得我在電影、在表演藝術、在創作上面，可能有一些天賦吧！所以一直到40多歲，在很困難的情況之下，我還是決定跳下去做，做得怎麼樣，不知道，留給後人來評價吧！可是我記得方育平導演跟我說，他說我們要做電影導演，你要知道這部電影可能就是你最後一部電影，你要保持這個精神去追求、去做，這一個鏡頭可能是你最後的一個鏡頭，你要用這種心態去做，我非常同意他這句話，我也學到了，他真的是我的啟蒙老師，雖然他比我還小。

　　Marie：第一次聽到，導演的每一部片子是一個神聖的內涵。

　　王導：是不是不知道，但我要有這種想法去做，我不是為了混口飯，所以到最後我在美國雖然有了些名氣，有了一些知名度，大公司來找我，終究是談不成，不是我不想要那個錢，我很想要他給我那筆很好的導演費，可是我拿到了劇本，要我拍的時候，我實在拍不下去，我實在做不下去這件事情。我那時候講了一句很驕傲的話：「I am too old that I cannot repeat myself.」我已經很老了，我不能再重複我自己，所以我對我自己的重複，對我自己不斷的在……

Marie：因為你喜歡原創跟創新。

王導：對，我一定要做新的東西，可是做新的東西沒有人會支持你，很少人會支持你，包括我的寫作，我太太知道我現在越寫越慢，寫一篇很短的文章也是，但我想到寫作非常開心，因為寫作等於是我在每一篇章裡，像是拍一部電影。

完全就如你所說的，支援我的人不多，可是寫作的話，我不需要人來支援，特別是有了Internet，我上網查詢，什麼資料都有、資源都來了，支援我的人都來了，一遍一遍做、一遍一遍做，所以我寫東西很慢，越來越慢，好像電影剪接一樣，我剪接一遍，又重新再剪一遍，因為有很多不同的可能，都可以做到最好，做到你自己認為更好，可是要交稿了，沒辦法，像今天我就交了篇稿子，我實在還是不大滿意，我交了算了，它有一個現實，應該是限制在這裡，所以**人生的意義對我來講就是不斷的追求吧！**

Marie：不斷的追求真善美。

王導：不敢說真善美，不斷的追求。

Marie：已經盡力了還覺得對自己不滿意？

王導：哎，不滿意，差遠了。

Marie：這就是至善。

王導：哪裡有至善至美？

Marie：那是你對自己的要求吧，我剛剛聽的感覺我有沒有聽錯？

王導：沒有聽錯，對自己的要求不斷的也在更新，我不是說我以前拍過電影，你覺得很好，不好我再看一遍，我又要剪了，我又要把它剪一剪、弄一弄，這不大可能嘛！可是寫文章就有這個可能，如果我沒有deadline的話，我就慢慢改，慢慢摸摸，這幾本書我再看一遍，我又要改，沒辦法，生命意義是追求到什麼東西嗎？我不知道。

Marie：所以你對自己的作品要求真的很完美。

王導：不完美，寫得不好，不是完美。

Marie：你要求很完美嗎？看你的寫作，寫第四本書，你對自己要求太高了。

王導：但是每次在做的時候，總是感覺到這個地方不對、不足的話怎麼辦？就讓它算了？出版社說你一定要某年某月交稿，那就只好交了，不然怎麼辦？不交的話，我沒有收入，我怎麼追

求完美？沒有收入的話，只能追求死亡，我不知道我這樣講有沒有回答你的問題，我不知道。

Marie：就是你到目前為止的內心世界嘛！

王導：我可能一直是這樣。

Marie：對自己要求很高，高標準。

王導：只是沒做到，達不到，因為我有兩個哥哥爸爸真偉大，哥哥爸爸真偉大。

Marie：那已經演完了，現在是你的戲了。

王導：他們那個標準才叫高呢！我老哥他發明一款藥拯救了數百萬人免於失明，我差遠了，我的電影觀眾有數百萬嗎？看完了還罵這什麼電影、什麼爛片，罵我，差遠了。

Marie：其實你每一本著作裡面都好生動，很有生命。

王導：謝謝你，謝謝你捧場！

Marie：好，我們今天的訪問就到此結束，拜拜！

致謝

感恩——Mac 全心教練指導
Marie PDP 教育傳播事業

▶

可掃QR Code 開啟YouTube影片一起閱覽
Marie老師追加日期：2024年6月25日

寫完本書後，我回想代理PDP 33年來，我從事「領導力」與「內在領導力」的教學與教練及研究傳記、案例一路遇見的人、事、物，真可用陳樂融作詞、陳志遠作曲的〈感恩的心〉來描繪：「我來自偶然，像一顆塵土，有誰看出我的脆弱，感恩的心，感謝有你，伴我一生，讓我有勇氣做我自己，感恩的心，感謝命運，花開花落，我一樣會珍惜！」。

　　太感動與太美的內在聲音，此時此刻，〈感恩的心〉旋律與歌詞不斷如泉水般的湧現心中！太多太多的人事物要感謝……

　　感謝：我的老公Mac Vander Merwe、李孟浩、Amos、Grace、安華和樊友文的支持與協助才能完成此書。

參考書目

人物傳記系列

■《改變歷史的書》；唐斯著；彭歌譯；聯經出版公司

■《馬斯克傳：唯一不設限、全公開傳記》；華特‧艾薩克森著；吳凱琳譯；天下雜誌

■《任正非傳》；孫力科著；浙江人民出版社

■《除了贏，我無路可退：華為任正非的突圍哲學》；周顯亮著；時報出版

■《輝達黃仁勳：人工智慧晶片的成吉思汗》；伍忠賢著；時報出版

■《調笑如昔一少年》；王正方著；印刻出版社

■《十年顛沛一頑童》；王正方著；印刻出版社

■《王傳福傳：比亞迪神話》；成傑著；中國華僑出版社

■《賈伯斯傳》；華特‧艾薩克森著；廖月娟、姜雪影、謝凱蒂譯；天下文化出版社

■《希拉蕊傳：第一夫人的內心世界》；茱迪絲‧華納／著；殷于譯；新自然主義

- 《活出歷史：希拉蕊回憶錄》；希拉蕊／著；鍾玉玨、潘勛、陳文和、尹德瀚、楊明暐等譯；時報出版
- 《我的人生：柯林頓回憶錄》；比爾‧柯林頓著；潘勛等譯；時報出版
- 《柯林頓的權力謊言：欲望之河》；克里斯多佛‧安德森／著；陳秋萍／譯；宜高文化
- 《歐巴馬的夢想之路──以父之名》；巴拉克‧歐巴馬著；王輝耀、石冠蘭合譯；時報出版
- 《歐巴馬勇往直前》；巴拉克‧胡笙‧歐巴馬著；商周出版
- 《黑旋風歐巴馬》；林博文著；立緒
- 《老子說》蔡志忠著 明日工作室出版
- 《孔子說》蔡志忠著 明日工作室出版
- 《十年一覺電影夢》張靚蓓／編著；時報出版
- 《曼德拉的禮物》理查‧史丹格著；郭乃嘉譯；時報出版
- 《從電腦天才到世界慈善家：比爾‧蓋茲全傳》常少波著；文經閣出版社
- 《雪球：巴菲特傳》艾莉斯‧舒德著；楊美齡等合譯；天下文化
- 《真相──喚醒內在領導力》、《五型領導者》、《透析跨世紀──成功領導學》、《如何心想事成」、《天生領導──做各全方位的領袖》、《透視女贏家》、《掌握成功的關鍵》、《成功軌跡──中外領袖領導特質大剖析》張曼琳著
- 《曼德拉：有效領導能力的寫真》Mac Vanderwe 范麥爾撰文 2003 年領袖協會

- DVD《永遠的領袖：曼德拉》發行：南強國際影視傳播
- DVD《大國崛起》發行：新動國際多媒體
- 《瑪麗‧居里》Beverley Birch 著；丘彥明、唐效譯；東華書局
- 《羅斯福夫人》David Winner 著；張先信譯；東華書局
- 《居禮夫人》尹萍譯 天下文化
- 《希拉蕊傳 茱迪絲‧華納著》月旦出版公司
- 《柴契爾夫人回憶錄（上下）》瑪格麗特‧柴契爾著 月旦出版公司
- 《江青沉浮錄》林青山著 大村文化公司
- 《宋美齡──中國第一夫人傳》許漢著；開今文化
- 《賈桂琳真傳》林炎成著；金文圖書有限公司
- 《宋慶齡傳》愛潑斯坦著；沈蘇儒譯；日臻出版社
- 《平凡的勇者》趙耀東著；天下文化
- 《羅斯福小傳》太田佐郎著 許道新編譯；先見出版社
- 《偉人的母親》小原國芳編；高金郎譯；台灣商務印書館
- 《米德：人類學你先知》Michael Pollard 著；陳品君譯；牛頓出版股份有限公司
- 《南丁格爾》Pam Brown 著；張先信譯；東華書局
- 《蒙特梭利》Michael Pollard 著；唐效、丘彥明譯；東華書局
- 《露絲‧潘乃德 文化模式的詩神》瑪格麗特‧米德編；張自譯；稻禾出版社
- 《約翰‧甘迺迪淺介》Errol Selkirk 著；易汶譯；博益出版集團

- 《創造歷史的女人》王家編；王家文版社

心理學、人性學、哲學、禪學、勵志學與方法學系列

- 《喚醒心中的巨人》Anthony Robbin 著；李成嶽譯；中國生產力中心
- 《邁向成功的勇氣》田中真澄著；嚴桂蘭譯；新時代
- 《打開成功的心門—— 10個自然法則／掌握時間、規劃生活》Hyrum W. Smith 著；劉麗真譯；麥田出版社
- 《學問的生命與生命的學問》傅偉勳著；正中書局
- 《與家人共舞》鄭玉英著；信誼基金出版社
- 《天下沒有不吵架的夫妻》能戶清司著；丁祖威譯；聯經出版事業公司
- 《自我的探索（Man and His Symbol）》卡爾·榮格等著；黎惟東譯；桂冠圖書公司
- 《生之勇氣》保羅·田立克著；胡生譯；久大文化
- 《充實人生》莊綉滿著；將門文物出版有限公司
- 《無限影響力》狄倫施耐德著；賈士薇譯；天下文化
- 《思想與心理（Straight And Crooked Thinking）》梭羅士著；陳順吉譯；國際文化事業有限公司
- 《行為學的基礎》郭任遠著；萬年青書店
- 《愛與被愛》御木德近著 慧琪譯；哲志出版社
- 《解剖人性深層心理學》多湖輝著；秋美譯；鍾文出版社

■《饒恕的藝術（Forgive Forget and Be Free）》珍妮特‧洛克比著；湯麗蘭譯；中國學園傳道會出版部

趨勢、組織發展、管理概念叢書系列

■《改造企業——再生企業的藍本》Michael Hammer & James Champy 合著；楊幼蘭譯；牛頓出版社
■《企業不倒翁——改造公司的首腦人物 Mark Potts & Peter Behr 合著 榮泰生譯；中國生產力中心
■《組織行為學》Don Hellriegl & John W. Slocum, Jr. & Richard W. Woodman 林靈宏譯；五南圖書出版公司
■《組織的盛衰——從歷史看企業再生》現屋太一著；呂美女、吳國頓合譯；麥田出版社
■《第五項修鍊——學習型組織的藝術與實務》天下文化 Peter M. Senge 著；郭進隆譯
■《中國的文藝復興》陳舜臣編著；萬象圖書出版社
■《湯恩比眼中的東方世界（上、下）》湯恩比編；久大文化
■《為文明的趨向求答案》孫慶餘著；領導出版社
■《未來的衝擊》杜佛勒著 蔡伸一章譯；志文出版社
■《大未來》杜佛勒著；時報文化
■《大趨勢》黃明堅譯；經濟日報
■《21世紀企業全球戰略》大前研一著；天下文化
■《第三波》杜佛勒著；逸群出版社

- 《二〇〇〇年大趨勢》尹萍譯；天下文化
- 《全預測 2》三菱綜合研究所；卓越文化
- 《文化與生活》錢穆等著；樂天出版社
- 《文化學》錢穆等著；樂天出版社
- 《女性大趨勢》John Naisbitt & Pattricia Aburdene 著；陳廣譯；台視文化公司
- 《歷史的現代觀》堺屋太一著；久大文化
- 《創造世界文明的書》唐斯博士著；譚逸譯；中華日報
- 《領導者的七次微笑》勞倫斯‧米勒著；林宜瑾譯；時報文化
- 《企業文化》泰倫斯‧迪爾、艾倫‧甘迺迪著；黃宏義譯；長河出版社
- 《放寬歷史的視界》黃仁宇著；允晨出版社
- 《中國大歷史》黃仁宇著；聯經出版社
- 《人才哲學》石滋宜著；社會大學
- 《成功心理學》Dr. I. Swell 著；邱奕銘譯；遠流出版社
- 《時空與人生》金忠烈著；華岡出版社
- 《教育與人生》庫斯南第著；張南星譯；牧童出版社
- 《從歷史看領導》許倬雲著；洪建全基金會
- 《歷代偉人用人之道》滄海客著；泰華堂出版社
- 《科學和教育》吳大猷著；聯經出版事業公司
- 《21 世紀革新型領導》安藤嘉昭著；林中力、許錫慶譯；中國生產力中心

人生顧問 538

領袖人格力：用 PDP 看主宰世界大勢領袖的人格特質，川普、拜登、梅克爾、普丁、馬斯克、賈伯斯、任正非、黃仁勳等

作　　　者－張曼琳
主　　　編－謝翠鈺
責任編輯－廖宜家
行銷企劃－鄭家謙
封面設計－兒日設計
美術編輯－李宜芝

董 事 長－趙政岷
出 版 者－時報文化出版企業股份有限公司
　　　　　108019 台北市和平西路三段 240 號 7 樓
　　　　　發行專線－ (02)23066842
　　　　　讀者服務專線－ 0800231705
　　　　　　　　　　　　(02)23047103
　　　　　讀者服務傳真－ (02)23046858
　　　　　郵撥－ 19344724 時報文化出版公司
　　　　　信箱－ 10899 台北華江橋郵局第 99 信箱
時報悅讀網－ http://www.readingtimes.com.tw
法律顧問－理律法律事務所　陳長文律師、李念祖律師
印刷－勁達印刷有限公司
初版一刷－ 2024 年 9 月 13 日
定價－新台幣 320 元
缺頁或破損的書，請寄回更換

時報文化出版公司成立於一九七五年，
並於一九九九年股票上櫃公開發行，於二〇〇八年脫離中時集團非屬旺中，
以「尊重智慧與創意的文化事業」為信念。

領袖人格力: 用PDP看主宰世界大勢領袖的人格特質，川普、拜
登、梅克爾、普丁、馬斯克、賈伯斯、任正非、黃仁勳等/張曼
琳著. -- 初版. -- 臺北市：時報文化出版企業股份有限公司,
2024.09
　　面；　公分. -- (人生顧問 ; 538)

ISBN 978-626-396-675-8(平裝)

1.CST: 人格特質 2.CST: 人格心理學

173.75　　　　　　　　　　　　　　　　　113012037

ISBN 978-626-396-675-8
Printed in Taiwan